U0826418

国家出版基金项目
NATIONAL PUBLICATION FOUNDATION
2023年国家出版基金资助项目
“十四五”时期国家重点图书、音像、电子出版物出版专项规划

继往开来谱新篇
——迈向高质量发展的乡村振兴之路

主　　编　温铁军
执行主编　王　瑜

天地仓廪

TIANDI CANGLIN

——现代化改革中的粮食安全与流通体制

XIANDAIHUA GAIGE ZHONG DE LIANGSHI ANQUAN YU LIUTONG TIZHI

◎武舜臣　著

陕西新华出版
陕西人民教育出版社
·西安·

图书在版编目（CIP）数据

天地仓廪：现代化改革中的粮食安全与流通体制／武舜臣著．-- 西安：陕西人民教育出版社，2023.7
（继往开来谱新篇：迈向高质量发展的乡村振兴之路／温铁军主编）
ISBN 978－7－5450－9322－3

Ⅰ.①天… Ⅱ.①武… Ⅲ.①粮食问题－研究－中国
Ⅳ.①F326.11

中国国家版本馆 CIP 数据核字（2023）第 114555 号

天地仓廪——现代化改革中的粮食安全与流通体制

武舜臣　著

出版发行	陕西人民教育出版社
地　　址	西安市丈八五路 58 号
邮　　编	710077
经　　销	各地新华书店
印　　刷	中煤地西安地图制印有限公司
开　　本	787 mm×1092 mm　1/16
印　　张	15.5
字　　数	200 千字
版　　次	2023 年 7 月第 1 版
印　　次	2023 年 7 月第 1 次印刷
书　　号	ISBN 978－7－5450－9322－3
定　　价	77.50 元

序

粮食安全及其流通体制改革，是很重要、很有现实意义的研究方向。

中共中央在2020年就提出“乡村振兴是应对全球化挑战的压舱石”，要练好内功、夯实基础，粮食安全就是这个内功和基础的重要方面。2021年年底，在中央农村工作会议上，这一重大现实意义以“牢牢守住保障国家粮食安全底线”的明确说法被确立为“三农”领域两条底线（另一条是不发生规模性返贫）之一。

“仓廪实，天下安。”既然保障粮食安全是国家战略和民生之本，那么，粮食安全就应该是本书现实意义的核心。正是在这一认知的基础上，粮食流通体制其本身也需要符合国家粮食安全的底线思维，既不能简单地就粮食谈粮食，也不能简单地分析粮食购销体制，而是应该看到粮食安全问题与国家应对全球化重大挑战的“底线思维”之间的关系。所以，真实的问题是，在应对全球化挑战之际，粮食安全与流通体制改革如何支撑我们这个人口大国守住底线。

粮食领域，确实存在明显的条块分割、部门分割问题。这些问题也是粮食流通体制改革所面对的主要问题。也正是由于这种分块现象带来的数据获取方面的困难，导致了研究论证的复杂性。书中也提到，在部门分割的体制下，数据壁垒的存在使整体数据很难获得，因此，只能通过公开统计数据或在个别地区的实践考察来支撑研究。

过去做粮食安全研究，首先是通过对不同产粮区的调研，搞清楚粮食产量。那时推算粮食产量的方法是先在全国不同的粮食产区做抽样，抽取具有代表性的地块，然后在抽中的地块里拉对角线，再以等距抽样的方式抽粮食穗，割穗打出来晒干后测千粒重，倒推亩均单产，再倒推这类粮食在这类地区的总产量，最后加权算出全国总产量。虽然这种方法得到的粮食数据比较准确，但现在哪个地方还能支持这种操作呢？

当前，光是弃耕撂荒的真实、整体数据就很难被掌握。在南方北方，地形不同、水资源禀赋不同、城镇化速度不同的地区，各自弃耕撂荒的原因恐怕又各有不同。现有的数据统计方法是无法识别这些问题的。那么，连有多少弃耕撂荒都搞不清楚，又怎能知道粮食产量的变化呢？以目前的统计方式确实很难获得粮食的真实数据。因此，本书提到的分块现象造成的这些困难是客观存在的。

从研究内容来看，这本书重点探讨了 1998—2004 年的粮食流通体制改革。关于这方面的研究，搜集跨度足够长的基础资料是至关重要的。

我国先后进行过三次粮食流通体制改革。

第一次是 20 世纪 80 年代中期，家庭联产承包责任制完成后，正式提出粮食流通体制改革。我当时在中共中央书记处农村政策研究室工作，是粮食流通体制改革相关调查研究工作的参与者之一。当时的改革与通货膨胀、财政政策有关：由于 1985 年粮食产量大幅度下降、通货膨胀加剧、迫使财政增加补贴，引发了一些讨论。虽然到 1986 年粮食又恢复到原来的产量水平，但 1987 年粮食购销体制改革还是被正式列入国家重大改革试验的五项内容之一。为了使各个不同地区的粮食流通体制改革被统筹考虑，当时的粮食体制改革选择了不同地区作为试验区，如南方稻作和北方旱作、主产区和主销区，并分析了不同的生产情况（如规模经营条件下、分户经营条件下）与粮食流通体制之间的关系。

第二次（1998—2004 年）粮食流通体制改革与金融有关。其间我仍然在政策部门工作。据我所知，1998—2003 年，改革的思路确实有所变化。1997 年东亚金融危机爆发，中央高度关注金融系统的坏账问题。经检查后发现，粮食坏账在农行坏账中占了相当大的比重。因此，当时粮改推出的目的是把农行负担过重的坏账消化掉。对此，国家实施了以“三项政策，一项改革”（按保护价敞开收购农民余粮、粮食收购资金封闭运行、粮食顺价销售以及推进粮食购销企业的自身改革）为主要内容的粮食流通体制改革，以求彻底改变原来分散化的市场流通体制。但政策的既定目标最终未能实现，因此，政府对2003年粮食流通体制政策思路做出调整。

2003年之后出现以再度放开市场购销、同时加大对农民生产和粮食收购、存储物流等多种补贴为标志的第三次粮食流通体制改革。

从这些真实的经验可以看到，与财政金融的相关性，或者说是宏观问题引发了粮食流通体制的改革，而不是谁选择市场、谁选择计划。当前，同样是由国家底线思维等重大战略主导着政策部门的决策。

总之，如何科学地解决现实问题，是制定经济政策的部门一直考虑的问题。

基于这些历史经验，要想真正做好粮食购销体制改革、粮食流通成本收益的研究，需要适度关注对粮食流通体制有重大的、甚至在某种程度上具有决定性影响的宏观政策。

中国人民大学教授

暨南大学乡村振兴研究院首席研究员

2022 年 9 月

前　言

改革开放四十余年来，中国在粮食安全保障方面取得了巨大成就，不仅走出了一条中国特色粮食安全之路，而且为世界贡献了中国智慧和中国方案。在水土资源不占优势的条件下，中国能够取得如此成就，离不开国情、粮情变化下对粮食安全保障战略的针对性调整与配套保障措施的制定。然而，形成于1953—1978年的传统粮食流通体制具有高度计划性和垄断性，也一直是改革开放以来粮食领域市场化改革的难点。

回顾粮食市场化改革，粮食流通是重点领域。按时间顺序看，粮食流通领域先后进行了几次大的改革：(1) 改革开放初期统购统销制度下统购价和超购价的提高，为接下来的粮食增产做出了重要贡献，也间接引发了统购统销制度的改革。(2) 统购统销制度的解体以及粮食购销“双轨制”的形成与改革。1985 年统购派购制度被合同定购和议价收购并行的收购“双轨制”替代，这是粮食化改革的重大突破。(3) 以“三项政策，一项改革”的提出为开端的“98 粮改”，始于 1998 年，止于 2003 年年底，是粮食市场化改革中的一次重要尝试，从此，粮食市场呈现出由回归封闭到完全放开，再到重建调控的转变图景。（4）托市收购政策的形成与调整，包括扶持强化阶段和政策改革阶段。前一阶段主要形成了稻谷和小麦的最低收购价政策、玉米和大豆的临时收储政策；后一阶段主要表现为玉米、大豆临时收储政策的取消和价补分离改革的推进。

以上历程为中国粮食市场的改革积累了丰富的实践经验。回顾过往，中国的粮食市场化改革具有以下特点：一是粮食的重要性决定了决策者对市场化改革的谨慎性；二是渐进式的改革基调使粮食市场呈现分块化改革特征，增加了改革结果的不确定性；三是以改革的方向为参照，中国的粮食市场化改革呈现出鲜明的周期性。

中国粮食市场化改革的三个特点相互依托且有着正反馈的内在作用。改革的谨慎性和分块化改革的不确定性使改革具有周期性；对周期性改革的总结，尤其是对市场化改革“失败”经历的反思又会强化决策层对改革的谨慎性。因此，改革的周期性不仅会减缓市场化改革的进度，影响更有效粮食安全保障体系的构建，而且会在周期性调整中产生新的需要解决的问题，增加下一轮的改革难度。对此，本书聚焦粮食市场化改革的重点对象——粮食流通体制，探究粮食流通体制曲折性改革的关键原因，并以“98粮改”为例证明所做论断的合理性。研究发现，虽然粮食市场化改革的理念很早就被提出，但学术界对依托市场手段落实粮食安全保障的方式并不信任。而且，政府对粮食安全的过度敏感以及人们对粮食流通在确保粮食安全中的角色定位认知不足，也使得粮食流通体制既是粮食市场化改革启动的原因，又多是粮食市场化改革停滞的原因。“98粮改”案例说明，粮食市场化改革初期短期的市场震荡与决策层对市场的不信任相互作用，共同导致改革的不彻底和“逆市场化”趋势。想要更好地推进粮食流通体制改革，提高粮食安全保障质量，坚定推进粮食流通体制市场化改革是关键。

作为反思，文章最后归纳了学术界对粮食市场化改革的认知及对粮食流通的重视程度，并提出在这两个方面的突破将是保障粮食流通市场化改革方向不动摇、加快构建可持续粮食安全保障体系的关键。与更加充分的粮食生产环节的研究和近年来日渐高涨的粮食消费环节的研究不同，以粮食流通环节为对象的研究始终处于“不温不火”的状态。粮食储备环节的涉密性使得以粮食流通为对象的研究难成体系，粮食收购、运输、加工、批发、零售等环节的多样性和创新性也同时增加了这部分调研及理论提炼的难度。然而，高成本、高消耗支撑起来的粮食安全并不是真正的粮食安全，生产或消费环节的粮食安全也不等同于粮食安全。要保障粮食安全，既要坚持市场化改革方向，降低粮食安全保障成本，又要补齐粮食流通短板，实现粮食全产业链有机协同，打造可持续、高效的粮食安全体系。

目　录

第一章　粮食安全保障与水土条件制约 …… 001

第一节　避不开的水土资源约束 …… 003

第二节　人类活动加重水土资源负担 …… 020

第二章　粮食安全观调整与体制机制改革 …… 031

第一节　转变中的粮食安全观 …… 033

第二节　粮食安全战略调整中的品类调减与效率提升 …… 052

第三节　推进粮食安全保障的体制探索 …… 069

第三章 粮食流通体制改革背后的理论困境 …………………… 087

第一节 学术界对市场化保障粮食安全路径质疑的辨析 ……… 089

第二节 学术界在粮食流通重要性认知上的不足 ………………… 102

第四章 粮食流通体制改革的特征表现及其影响 …………… 111

第一节 粮食流通体制改革的周期性特征及其影响：逆市场化例证 …………………………………………………… 113

第二节 粮食流通体制改革的分块化特征及其影响："去库存"例证 ……………………………………………………… 120

第三节 粮食流通体制改革的谨慎性及其影响："三量齐增"例证 …………………………………………………… 129

第五章　分块化改革模式对粮食流通环节的冲击 …………… 145
第一节　改革的非对称性与粮食价格倒挂 …………………… 147
第二节　粮食加工业例证倒挂的粮食价格及其影响 ………… 157

第六章　流通体制改革曲折性成因例证:“98 粮改” ………… 169
第一节　“98 粮改”的背景与改革路径 ……………………… 171
第二节　收储制度改革影响下游加工企业生产经营的内在逻辑…… 175
第三节　基于中国工业企业数据库的实证检验 ……………… 179
第四节　反思中国粮食收储制度的曲折性改革 ……………… 192

第七章　对推进粮食流通市场化改革的两点思考 …………… 195

参考文献 ………………………………………………………… 202
后　记 …………………………………………………………… 230

第一章

粮食安全保障与水土条件制约

在中华人民共和国960万平方千米的土地上生活着14.1亿人。要养活这么多人，每年至少需要5640亿千克的粮食供给①。而且，粮食需求还与人口增长和居民消费结构息息相关。即便不考虑人口的增长，居民消费结构中肉蛋奶比重的提升也直接导致了既有人口粮食需求的额外增加。

我国的粮食生产深受水土资源的限制。2018年我国人均耕地面积仅为0.086公顷，是世界平均水平的46.7%，且耕地质量普遍较低，一至三等耕地面积占比仅为31.24%；2018年我国人均水资源量为2077.75立方米，不足世界平均水平的1/3，且水资源分配南北差异较大，受年降水量分布变化规律影响呈南多北少的特征。除了需求的增加和供给的劣势外，与粮食相关政策的不完善也影响中国粮食安全的实现。我国土地制度限制了农地规模化，流通制度的缺陷扭曲了市场资源配置，知识产权保障不足致使粮食产品低附加值化等问题突出。但得益于世界贸易组织（WTO）贸易平台和有力的国内粮食支持保护政策，我国的粮食产量才能持续增长，粮食自给率长期保持在合理区间。截至2020年，我国粮食总产量达到6695亿千克，实现“十七连丰”，且谷物自给率长期处于95%以上。

①参照每年人均400千克的国际粮食安全标准线计算得到。

第一节

避不开的水土资源约束

中国是人口众多且水土资源相对贫乏的农业大国。基本的国情、农情决定了中国粮食的基本生产方式。纵然农业生产领域出现过几次大的技术革命，但仍无法动摇水土资源禀赋条件在农业生产中的决定性地位。因此，本节将对与粮食生产息息相关的水土资源及人地关系展开论述。

一、耕地资源匮乏

耕地是粮食生产的基础与保障。在中国，耕地呈现出总面积广阔、人均面积偏小且质量总体不高的特征。

（一）耕地面积

中华人民共和国农业农村部发布的《2019 年全国耕地质量等级情

况公报》显示，在中国960万平方千米的国土面积中，2019年实有耕地面积为20.23亿亩[①]，耕地面积占国土面积的14.05%。从人均耕地面积来看，按照国家统计局公布的2019年人口数量13.98亿计算，2019年我国人均耕地面积为1.447亩。

世界银行数据显示[②]，2018年中国耕地面积居全球第四位，达到119488700公顷。中国的人均耕地面积偏低，为0.086公顷，仅为世界平均水平的46.7%，低于同期的泰国，但仍比日本、韩国高出许多。中国耕地面积及人均耕地面积与其他国家的比较情况见表1-1。

表1-1　中国耕地面积及人均耕地面积与其他国家的比较（2018）

国别	耕地面积（公顷）	耕地面积排名	人均耕地面积（公顷）	人均耕地面积排名
美国	157736800	1	0.483	—
印度	156416000	2	0.116	—
俄罗斯	121649000	3	0.842	5
中国	119488700	4	0.086	—
巴西	55762000	5	0.266	—
阿根廷	39200000	6	0.881	4
哈萨克斯坦	29748400	—	1.628	1
泰国	16810000	—	0.242	—
越南	6988300	—	0.073	—

①本书与土地面积有关的计量单位均按照相关公报确定。

②联合国粮食及农业组织定义的耕地（以公顷计）包括短期作物用地（双季作物土地仅计算一次）、供割草或放牧的短期草场、供应市场的菜园和自用菜园，以及暂时休闲的土地。因转换耕作方式而休闲的土地不包括在内。

续表

国别	耕地面积（公顷）	耕地面积排名	人均耕地面积（公顷）	人均耕地面积排名
日本	4142000	—	0.033	—
韩国	1374000	—	0.027	—
世界平均	—	—	0.184	—

【注】耕地面积和人均耕地面积排名在11名以外的国家不再排序。

（二）耕地质量

2002年以来，中华人民共和国农业部（现中华人民共和国农业农村部）在30个省（自治区、直辖市）开展了耕地地力评价指标体系建立工作，并建立了管理信息系统，同时启动了全国耕地地力调查与质量评价项目。在2012年年底完成的全国耕地地力调查与质量评价工作的基础上，中华人民共和国农业部发布的《关于全国耕地质量等级情况的公报（2014）》，首次将耕地按质量等级由高到低依次划分为一至十等。《关于全国耕地质量等级情况的公报（2014）》显示，以全国18.26亿亩耕地（第二次国土调查前的数据）为基数，基础地力较高、基本不存在障碍因素的一至三等耕地面积为4.98亿亩，仅占全国耕地总面积的27.3%。这两个数字在《2019年全国耕地质量等级情况公报》中分别提升至6.32亿亩和31.24%（以全国20.23亿亩耕地为基数）。2014年和2019年两次公报中全国不同质量等级耕地面积、比例见表1-2。

表1-2　2014年和2019年全国不同质量等级耕地面积、比例

公报年份	2014		2019	
耕地质量等级	面积（亿亩）	比例（%）	面积（亿亩）	比例（%）
一等地	0.92	5.1	1.38	6.82

续表

公报年份	2014		2019	
耕地质量等级	面积（亿亩）	比例（%）	面积（亿亩）	比例（%）
二等地	1.43	7.8	2.01	9.94
三等地	2.63	14.4	2.93	14.48
四等地	3.04	16.7	3.50	17.30
五等地	2.89	15.8	3.41	16.86
六等地	2.25	12.3	2.56	12.65
七等地	1.89	10.3	1.82	9.00
八等地	1.39	7.6	1.31	6.48
九等地	1.06	5.8	0.70	3.46
十等地	0.76	4.2	0.61	3.01

《2019年全国耕地质量等级情况公报》指出，全国耕地的平均等级为4.76等，较2014年提升了0.35个等级，但优质耕地比重仍然偏低。为了加快提升耕地质量，近年来我国加大了对高标准农田的建设投资力度。

（三）对约束粮食生产的耕地问题的讨论

由前面的资料可知，学术界对中国耕地的普遍认知，即中国耕地“总量多、人均少、质量差”的论断具有一定的合理性。而且，这样的耕地禀赋条件也确实缩小了中国粮食经营模式的可选择范围。至少有一点可以肯定，在“大国小农”的背景下，中国的农业经营要达到与其他农业大国同等竞争力的土地规模，并不具有经济可行性。

例如，美国家庭农场的平均规模约为167公顷。在中国，要达到这一平均规模，意味着农户数量将由当前的2.3亿户①减少到72万户，显然，在当下，这种方式并不可行。当然，为提高农业生产效率，加快推进农业现代化，我国也不断尝试着不同的农业发展模式。然而，经过多年的探索，我国的农业现代化之路还面临诸多问题与挑战，体制机制不畅通、生产率偏低等问题依然突出。

那么，在体制机制尚不健全的情形下，依托低质量且有限的耕地资源，我国是如何解决14.1亿人的吃饭问题，保障和提升居民生活质量和营养水平的呢?

1. 粮食并非保障粮食安全的唯一产品

“粮食安全”的概念来自联合国粮食及农业组织提出的“Food Security”，其本意是“食物安全”。满足我国14.1亿人食物消费需求的不仅有粮食产品，还有复杂多样的非粮农产品。并且，随着经济的不断发展，居民生活水平的日益提高，我国居民的食物越来越多样化，肉蛋奶、水产品和蔬菜、水果等的消费量越来越多，相应地，粮食消费量越来越少（李国祥，2020）。

我国非粮农产品的供给多来自非耕地资源。我国的耕地分为基本农田和一般农田。其中，基本农田占比较高②且有严格的保护制度。对基本农田的保护，除了有质量和数量上的要求，在种养殖项目方面也有严格限制。《中华人民共和国土地管理法》和《中华人民共和国基本农田保护条例》规定，“禁止占用永久基本农田发展林果业和挖塘养鱼”，基本农田只能种植粮食作物。而消费比重日渐增长的非粮农产品则由少量的一般农田和部分非耕农业用地提供。这里有必要介绍一下我国农用

①该数据由国务院新闻办公室于2019年3月1日举行的新闻发布会上宣布得出。

②《中华人民共和国土地管理法》规定：“各省、自治区、直辖市划定的永久基本农田一般应当占本行政区域内耕地的80%以上。”

地资源的基本情况。

《2016中国国土资源公报》显示，截至2015年，全国共有农业用地64545.68万公顷（96.82亿亩），其中耕地13499.87万公顷（20.25亿亩），占比约为20.92%。换句话说，是占比约为79.08%的园地、林地、牧草地等其他农业用地与耕地一起，解决了14.1亿人的吃饭问题。而且，联合国粮食及农业组织提供的数据显示，2018年中国农业用地面积达52852.87万公顷，占全球农业用地面积的11.03%，位列全球第一。

由以上资料可知，在我国，虽然耕地资源相对不足，但农业用地资源较为丰富。农业用地中的非耕地资源和耕地资源共同支撑了中国人的食物消费。而且，随着居民消费结构的升级，非耕地资源基础上的非粮农产品消费量越来越多，而粮食消费量却不断减少。结合国际一般经验，我国城乡居民人均稻谷和小麦（口粮原粮）的直接消费量将下降到100千克以下，到“十四五”时期末，我国作为口粮食用的稻谷和小麦总消费量可能将不足1.5亿吨（李国祥，2020）。

因此，随着居民消费结构的变化，要更多关注非粮农产品的供给，充分挖掘农业用地中丰富的非耕地资源的生产潜力，为居民提供种类更加丰富、营养更加均衡以及绿色天然无公害的食物，与耕地共同保障我国的粮食安全。

2. 人均耕地面积对农业生产的限制趋弱

人均耕地面积低是学术界提出我国农业生产条件薄弱的又一重要依据。但是，抛开对人均耕地面积大小的讨论，人均耕地面积指标在衡量农业生产条件方面的合理性上，有巨大的商榷空间。

对此，本节将从若干角度对仅凭人均耕地面积判断农业生产条件的论断提出质疑。不可否认，我国人口数量庞大，导致人均耕地面积相对较少。然而，人均耕地面积只是耕地面积与人口数量相除后的理论结果。结合实际情况可知，理论结果仅提供了一个整体的情况，而人均耕地面积是否影响农业生产规模，则与人口的分布情况及耕地的分配制度有关。

虽然中国人口数量多，但如果大比例人口聚集在小范围国土上从事非农工作，那么少部分农业工作人口便可在大面积的可耕地上从事农业劳动。因此，农户分化的加快，尤其是农业直接从业人员的减少，将有助于降低农业规模经营的形成难度，并促进规模经营效益的提升，进一步增加农户从事农业所得（张红宇，2019）。届时，与欧美国家相比，中国选择规模经营的路径将没有明显劣势（武舜臣，2018）。随着城镇化的不断推进和农户的继续分化，直接从事农业生产的劳动力的人均耕地面积将成为影响农业规模经营形成难度及农业经营效益高低的关键。城镇化的不断推进和农户的继续分化具体表现在以下几个方面：

第一，人口向耕地优势区域的聚集。2020 年第七次全国人口普查数据显示，全国人口为 1411778724 人，与 2010 年第六次全国人口普查相比增加 72053872 人，增长 5. 38%，年平均增长率为 0. 53%，比 2000 年至 2010 年的年平均增长率下降 0. 04 个百分点。人口数量的绝对增加改变了全国层面的人均耕地面积，但不同耕地资源条件省份的人口变化，更能体现出人口增长对农业生产的影响。2020 年按粮食产销区划分[①]的全国各省份人口情况见表 1 – 3。

---

①主产区包括河北、内蒙古、辽宁、吉林、黑龙江、江苏、安徽、江西、山东、河南、湖北、湖南、四川；主销区包括北京、天津、上海、浙江、福建、广东、海南；平衡区包括山西、广西、重庆、贵州、云南、西藏、陕西、甘肃、青海、宁夏、新疆。

表1－3　2020年按粮食产销区划分的全国各省份人口情况

区域	省（区、市）	人口数（单位：人）	
		2020年	比2010年增加
主产区	江苏	84748016	6087075
	山东	101527453	5734734
	河南	99365519	5335580
	四川	83674866	3257338
	河北	74610235	2756025
	安徽	61027171	1526703
	江西	45188635	620838
	内蒙古	24049155	－657136
	湖北	57752557	514830
	湖南	66444864	744102
	辽宁	42591407	－1154916
	吉林	24073453	－3379362
	黑龙江	31850088	－6463903
主销区	北京	21893095	2280727
	海南	10081232	1409747
	上海	24870895	1851699
	广东	126012510	21692051
	浙江	64567588	10140697
	福建	41540086	4645869
	天津	13866009	927316

续表

区域	省（区、市）	人口数（单位：人）	
		2020 年	比 2010 年增加
平衡区	新疆	25852345	4036530
	云南	47209277	1242511
	贵州	38562148	3813592
	甘肃	25019831	-555432
	重庆	32054159	3207989
	广西	50126804	4103043
	西藏	3648100	645935
	宁夏	7202654	901304
	陕西	39528999	2201620
	青海	5923957	297234
	山西	34915616	-796485

数据来源：根据国家统计局相关数据整理。

从以上数据来看，截至 2020 年，人口向粮食主销区进一步集聚。由国家统计局公布的相关数据可知，2020 年主销区人口占比为 21.48%，平衡区占比为 21.99%，主产区占比为 56.53%。与 2010 年相比，主销区人口所占比重上升 1.98 个百分点，平衡区上升 0.16 个百分点，主产区下降 2.14 个百分点。主产区人口比重的下降意味着区域耕地优势的聚焦在一定程度上能够解决农业生产的耕地约束问题。

第二，人口向城市、城镇的集聚。除了区域层面的人口迁移外，人口向城市群的进一步集聚也会改变人均耕地面积背后的含义。一般而言，人口城镇化的发展，在一定程度上发挥着缓解耕地压力的作用（高延雷，王志刚，2020）。

国家统计局数据显示，2019 年年末全国城镇常住人口 84843 万人，占总人口（常住人口城镇化率）的 60.60%。从各省份来看，截至 2019 年，上海、北京、天津、广东、江苏、浙江、辽宁、重庆、福建、内蒙古、山东、湖北、黑龙江 13 个省（区、市）常住人口城镇化率超过 60%，其中，上海、北京、天津常住人口城镇化率均超过 80%。2019 年全国各省（区、市）常住人口及城镇化水平详见表 1-4。

表 1-4　2019 年全国各省（区、市）常住人口及城镇化水平

省（区、市）	2019 年常住人口（万人）	城镇化率（%）	城镇人口（万人）	农村人口（万人）
上海	2428.14	88.30	2144	284.1
北京	2153.6	86.60	1865.0	288.6
天津	1561.83	83.48	1303.8	258.0
广东	11521	71.40	8226.0	3295.0
江苏	8070	70.61	5698.2	2371.8
浙江	5850	70.00	4095.0	1755.0
辽宁	4351.7	68.11	2963.9	1387.8
重庆	3124.32	66.80	2087.0	1037.3
福建	3973	66.50	2642.0	1331.0
内蒙古	2539.6	63.40	1610.1	929.5
山东	10070.21	61.51	6194.2	3876.0
湖北	5927	61.00	3615.5	2311.5
黑龙江	3751.3	60.90	2284.5	1466.8
宁夏	694.66	59.86	415.8	278.8
山西	3729.22	59.55	2220.8	1508.5
陕西	3876.21	59.43	2303.6	1572.6

续表

省(区、市)	2019 年常住人口(万人)	城镇化率(%)	城镇人口(万人)	农村人口(万人)
海南	944.72	59.23	559.6	385.2
吉林	2690.73	58.27	1567.9	1122.8
河北	7591.97	57.62	4374.5	3217.5
江西	4666.1	57.40	2678.3	1987.8
湖南	6918.4	57.22	3958.7	2959.7
安徽	6365.9	55.81	3552.8	2813.1
青海	607.82	55.52	337.5	270.4
四川	8375	53.79	4504.9	3870.1
河南	9640	53.21	5129.4	4510.6
新疆	2523.22	51.87	1308.8	1214.4
广西	4960	51.09	2534.1	2425.9
贵州	3622.95	49.02	1776.0	1847.0
云南	4858.3	48.91	2376.2	2482.1
甘肃	2647.43	48.49	1283.7	1363.7
西藏	350.56	31.50	110.4	240.1

数据来源：根据国家统计局、中商产业研究院相关数据整理。

第三，农村劳均耕地面积的不断增加。随着人口的不断流动，更多的人口迁移至粮食主销区和城市群，这为缓解农村人地矛盾奠定了基础。从流动人口内部来看，流出人口中劳动力的比重更大，意味着农村的农业劳动力比重降低。虽然，劳动力的流出导致农村劳动力不足，产生了“谁来种地”的问题，但也使得劳均耕地面积变多。根据施庚宏和施本植（2021）的研究，1995—2016 年，中国的劳均耕地面积从

0.2673公顷提升至0.6278公顷，折合亩数为9.417亩，远高于国家统计局数据测度的2019年人均耕地面积（1.447亩）。此外，根据蒋南平、李博（2012）的预测，到2030年，中国的劳均耕地面积将上升至14.5亩。

我国现有的农村土地制度制约了人均耕地面积增加带给农地规模经营的正向作用。同时，模糊的承包经营权产权结构是提高耕地配置效率的制度障碍，一度成为农地规模经营发展的主要瓶颈（孔祥智，刘同山，2013）。在制度约束下，农村更多的劳均耕地面积与更高的农地规模经营发展程度仍难等同，而且农村还普遍出现了农地不足和农地抛荒共存的不合理现象。对此，中共中央提出了“三权分置”改革，尝试从产权结构方面为农地的优化配置奠定制度基础。

3. 人均耕地面积偏低与粮食供给不足不等价

本节最后一个要讨论的问题是，在耕地资源不丰富的情况下，国家的粮食供给一定会存在问题吗？结合前部分的人均耕地面积数据，2018年中国人均耕地面积仅为世界平均水平的46.7%，但仍高于同时期的越南、日本、韩国等国家。鉴于上述三个国家都较好地维持了国内粮食供给的客观事实，将人均耕地面积限制作为无法保障粮食安全的理由显然并不充分。

上述三个人均耕地面积偏低国家的粮食安全保障方式呈现出两种不同的路径：日本、韩国重在实现有限资源的集中供应，将保障品种聚焦在稻米方面，通过WTO谈判制定了可隔离国内外稻米市场的贸易规则，通过国内相关配套政策确保了国内稻米完全供给的可行性（武舜臣，2018）；而越南则充分利用了当地劳动力成本相对较低的优势，实现了劳动密集型水稻产业的发展。

日本山地和丘陵约占国土总面积的80%，宜耕土地面积有限且呈碎片化，属于典型的人多地少国家，单户农业经营规模不大。以日本的资源禀赋，想要依托本国水土资源条件保障全部粮食产品的完全自给，既不经济又不现实。基于人们的饮食习惯，日本将粮食产品的保护品种聚焦于稻米。而且，日本政府通过国际和国内两方面的努力，保持稻米的高度自给。国际方面，日本政府在 WTO 框架内为保护稻米而积极努力，通过承诺每年 87 万多吨大米的无条件进口，获得了高达 778% 的大米进口关税；国内方面，日本政府通过价格补贴和灾害保险，有倾向性地保障稻农的生产积极性。

越南属热带季风气候区，横跨纬度大，高温多雨、湿度大，全年均可种植水稻。稻谷生产在越南农业发展中占有极其重要的地位。为了提高生产率、质量和效益，越南农业与农村发展部发布决议批准了国家产业发展总体规划，其中稻谷是主要发展产品。越南政府的一系列支持政策不仅保障了本国粮食安全，而且提高了越南在国际稻米市场的地位。然而，从政府扶持力度来看，越南的稻谷补贴远低于一般发达国家。越南稻谷竞争力的获得，离不开水稻种植业的劳动密集型特征和该国的低劳动力成本。

二、水资源的矛盾表现及商榷

水资源同耕地资源一样，对粮食安全具有决定性作用。我国水资源具有时空分布不均匀、人口分布不协调的特征。

近年来，随着粮食产量重心持续北移及农业种植规模的不断扩大，北方地区水资源短缺及干旱化程度不断加深。近 20 年来，北方地区后备土地开垦和水资源过量抽调已使三江平原湿地面积大范围缩小，内蒙古及长城沿线、西北绿洲地区地下水水位快速下降，黄淮海平原多处形成地下水“大漏斗”。

（一）水资源的总量及地区结构

我国的水资源十分丰富，2020年水资源总量为31605.2亿立方米，其中地表水资源量为30407.0亿立方米，地下水资源量为8553.5亿立方米，地表水与地下水资源不重复量为1198.2亿立方米。但我国人口众多，人均水资源量仅约2200立方米，是全球人均水资源贫乏的国家之一。2008—2019年，我国水资源总体呈现降低态势，年际变化较大，连丰、连枯年份交替出现，部分地区容易发生旱涝灾害（见表1-5）。此外，我国水资源分布不均衡，长江沿线及以南地区耕地面积占全国总耕地面积的36%，水资源占有量为81%；淮河沿线及其以北地区耕地面积占全国总耕地面积的64%，水资源占有量仅为19%，形成了南方水多耕地少、北方水少耕地多的局面。

表1-5　2008—2019年我国各水资源一级分区①水资源总量

（单位：亿立方米）

年份	水资源量	松花江区	西北诸河区	黄河区	辽河区	海河区	淮河区	北方6区总量	长江区	西南诸河区	珠江区	东南诸河区	南方4区总量
2008	27434	983	1323	559	394	295	1047	4601	9457	5944	5697	1735	22833
2009	24180	1488	1205	657	276	285	800	4711	8732	5042	4075	1620	19469

①水资源分区是指针对水资源规划提出的流域划分，是一种类似行政区域的面状结构。一级区保护大江大河的整体性，将全国划分为松花江区（简称）、辽河区、海河区、黄河区、淮河区、长江区、东南区、珠江区、西南诸河区、西北诸河区10个区。

我国的水资源一级分区进一步又可分为北方6区和南方4区。其中，北方6区包括松花江区、西北诸河区、黄河区、辽河区、海河区和淮河区。南方4区包括长江区（含太湖流域）、西南诸河区、珠江区和东南诸河区。

续表

年份	水资源量	松花江区	西北诸河区	黄河区	辽河区	海河区	淮河区	北方6区总量	长江区	西南诸河区	珠江区	东南诸河区	南方4区总量
2010	30907	1640	1647	680	813	307	963	6050	11264	5788	4936	2869	24857
2011	23257	1177	1401	739	410	298	893	4918	7838	5386	3692	1423	18339
2012	29528	1537	1430	772	717	437	746	5639	10807	5256	5077	2749	23889
2013	27957	2725	1439	683	633	356	671	6507	8797	5438	5303	1912	21450
2014	27267	1614	1187	654	240	216	748	4659	10150	5450	4786	2222	22608
2015	27962	1480	1294	541	304	260	854	4733	10330	5014	5337	2548	23229
2016	32467	1484	1620	602	490	388	1010	5594	11947	5884	5929	3113	26873
2017	28763	1268	1596	659	293	272	959	5047	10615	6026	5266	1809	23716
2018	27464	1689	1495	869	387	338	1029	5807	9374	5987	4778	1518	21657
2019	29042	2223	1454	798	408	221	507	5611	10550	5312	5080	2489	23431

数据来源：中华人民共和国水利部官网

（二）降水量与作物农时匹配性

我国大部分地区处于季风区，夏秋时节降水多，冬春时节降水少。在我国，春季正是多种农作物的播种季节。季风特点加重了我国春播的灌溉压力，也引发了粮食种植结构的地区调整（杨鑫，穆月英，2020）。

当然，更多学者关注了作物结构调整或生产区位变迁对降水量和粮食生产矛盾的影响。由于粮食产地转移的主导因素在于粮食作物与经济作物、种植业与畜牧业、农业与非农业的成本收益比较，故降水量更可能是影响粮食种植结构或区域变化的次要因素（周力，周应恒，

2011）。李天祥和朱晶（2014）测算了粮食内部结构调整对水土资源的影响，指出结构调整在东北、华北、华中、西南和西北地区发挥了较好的“节地又节水”作用，但在东南地区则体现为“节地但耗水”的特征。金涛（2019）认为，玉米种植面积的增加实现了对水土资源的节省。而周力和周应恒（2011）则提出，中国的稻谷、小麦、玉米产业正分别向黑龙江、河南、内蒙古等气候资源匮乏地区转移或集聚，证实了水资源和粮食生产矛盾的论断。

我国降水量和径流量的年内、年际变化都较大，且贫水地区的变化一般大于丰水地区。据统计，全国大部分地区连续最大4个月降水量占到全年的70%左右。南方年降水量的最大值与最小值的比值为2～4，而北方年降水量的最大值与最小值的比值为3～6。

以河南和山西两省为例。2020年气象监测显示，我国中东部地区出现了比较大范围的干旱，其中河南、山西等地是干旱中心，局部地区达到重旱甚至特旱。到2021年，全国多地出现了极端天气，尤以超大范围强降雨为主。继河南暴雨之后，山西也出现了极端强降水天气，还引发了山洪等地质灾害。

2021年7月中下旬，河南平均降雨量达144.7毫米，郑州最大小时降雨量达201.9毫米，突破我国大陆1小时降雨量历史极值；2021年10月初，山西出现大范围强降水，全省过程降水量为15.4～285.2毫米。全省10月份平均降水量为127.1毫米，是常年同期降水量（9.5毫米）的13倍多，其中太原、晋中、阳泉高达20～24倍。

全球气候变化导致降水格局的改变与中国地区间粮食作物的调整，为解决水资源与粮食生产的矛盾带来了机遇和挑战。气候变化影响了部分地区的降水模式，进而影响了灌溉农业、旱地农业的用水状况，而农业用水是农业可持续发展的关键。宋敏等（2021）研究发现，全球气候变暖、降水模式改变以及极端气候事件增多，不仅直接影响了全球作物的种植制度和结构布局，而且通过产量增加的不稳定性以及农作物品质的降低对世界粮食安全造成威胁。许迪等（2019）认为，气候变化给农业生产带来的影响，在全球、区域、局部不同空间上显现出较大的异质性，呈现出“全球难下定论、区域特点明显、局部因地而异”的气候变化尺度效应特征。因此，如何因地制宜地制定农业水管理策略是农业生产面临气候变化不确定性的主要途径。

（三）南水北调与“水足迹”逆向

为解决北方地区，尤其是黄淮海流域的水资源短缺问题，2002 年 12 月 27 日，我国南水北调工程正式开工。截至目前，南水北调工程从根本上改变了我国受水区供水格局，提高了大中城市供水保障率，为经济结构调整包括产业结构、地区结构调整创造了机会和空间，有效促进了受水区经济发展方式的转变，经济效益显著提高。

然而，南水北调工程的使用成本较高，不足以作为农业灌溉的有效支撑，其对农业生产最大的意义在于地下水得到补充，水位提升，进而降低了农户井水的灌溉成本。

此外，随着近年来我国粮食领域出现的由“南粮北运”到“北粮南运”的转变，也间接加重了地区间的水资源不平衡。丁雪丽等（2018）估算了我国粮食省际贸易的虚拟水流动格局，得出其具有北水南运的特点。显然，由水资源贫乏地区向水资源富足地区的虚拟水流动，无意间扩大了我国南北方的水资源差距，其可持续性值得商榷。

第二节

人类活动加重水土资源负担

一、人口迁移至优质粮食产地

一直以来，人类活动都对自然界产生着重大影响。适宜的水土条件适合粮食生产，也同样适合人类生存。因此，产生了粮食生产适宜地区与人口聚集地高度重合的现象，即人类与粮食争地的现象。而且，在粮食贸易日渐发达的今天，人类活动对粮食生产的挤出现象愈加明显，粮食生产不得不转移至水土气候条件次优的区域。

随着人口向优质粮食生产区域的不断迁徙，国内粮食生产的重心也开始向次优的生产区域转移，粮食的消费重心的不断“南移”和粮食生产“北去”并存。最终，国内出现了由“南粮北运”向“北粮南运”转变的粮食产销格局（马永欢，等，2008；王红茹，等，2013）。历史上形成的“南粮北运”的粮食生产区域格局是符合我国自然条件和生态环境特点的。然而，20 世纪 70 年代以来，全国粮食增产的压力逐渐向松花江区、辽河区、淮河区和西南诸河区转移、集中，对粮食安全及生态环境构成威胁（刘玉杰，等，2007），主要表现在以下两个方面：

1. 增强了粮食生产对水土资源的依赖

不同的水土资源组合对粮食生产的影响重大。在技术水平不变的条件下，优越的水土资源条件意味着可以凭借更少的水土资源获取更高的粮食产量。例如，北方地区复种指数远低于南方地区，要产出同等的粮食产量，自然意味着北方地区需要更多的耕地投入。

以江苏为例，江苏作为国家13个粮食主产省之一，在全国粮食生产中地位突出。同时，江苏也是经济强省、非农经济发展大省。近年来，随着农业比较优势的持续弱化，江苏内部的粮食生产区位也逐渐分化，粮食生产区位逐渐北移。按照江苏通用的苏南、苏中和苏北的区域划分方法，随着其粮食生产重心的北移，全省粮食生产逐渐呈现出"北余南缺"的特征。2008—2019年江苏各区域粮食作物产量变化及对粮食增长的贡献情况如表1－6所示。

表1－6　2008—2019年江苏各区域粮食作物产量变化及对粮食增长的贡献（万吨，%）

产量增长情况 \ 年份 / 区域	2008年		2019年		2008—2019年			
	产量（万吨）	占比（%）	产量（万吨）	占比（%）	增产量（万吨）	占比变化（%）	增产率（%）	增产贡献率（%）
江苏	3480.1	100.0	3786.2	100.0	306.1	0.0	8.8	100.0
苏南	522	15.0	403	10.64	－119	－4.36	－22.8	－38.88
苏中	887	25.5	904.9	23.9	17.9	－1.6	2.02	5.85
苏北	2071.1	59.5	2477.8	65.46	406.7	5.96	19.64	132.87

【注】各区域粮食增产贡献率＝区域粮食增产量/全省粮食增产量＊100%

数据来源：《江苏统计年鉴》（2009，2020）、《江苏农业统计年鉴》（2009，2020）

江苏整体自然禀赋优越，但省内不同区域的自然禀赋依然存在较大差异。从粮食生产适应性来看，江苏粮食单产总体有南多北少趋势（葛自强，等，2011）。

江苏呈现出区域经济发展较好地区与粮食生产资源禀赋优势地区重合的特征。因此，区位变迁使得粮食生产远离经济发展优势地区的同时，也使粮食生产资源禀赋优势地区逐步丧失优势。由于粮食生产区域的持续北移，要生产同样数量的粮食不得不投入更多的耕地、水资源等，这种粮食产量区域变迁的可持续性值得学术界深思。我们可以用脱钩理论来考察江苏粮食生产重心迁移后粮食生产对耕地依赖程度的变动。

为描述经济发展与环境压力的耦合关系，经济合作与发展组织（Organization for Economic Co-operation and Development，OECD）提出脱钩理论及“OECD 脱钩指数”，并通过对两者不同耦合程度的考察将脱钩状态分为“相对脱钩”和“绝对脱钩”。参照经济发展与资源（环境）变化特征及脱钩类型判断标准，粮食生产与耕地面积脱钩类型判断标准见表 1－7。

表 1－7　粮食生产与耕地面积脱钩类型判断标准

特征		判断标准	
粮食产量变化	耕地面积变化	关系	脱钩类型
$R_g>0$	$R_l>0$	$R_g>R_l$	相对脱钩（RD）
		$R_l>R_g$	耦合（C）
$R_g<0$	$R_l>0$	—	耦合（C）
$R_g<0$	$R_l<0$	$R_g>R_l$	准相对脱钩（QRD）
		$R_l>R_g$	耦合（C）
$R_g>0$	$R_l<0$	—	绝对脱钩（AD）

【注】R_g 指粮食产量增长率，R_l 指耕地面积变化率。

以表 1－7 为基础，利用江苏省省级层面 2004—2014 年相应数据可以分别得到江苏省整体及不同区域粮食产量增长率和耕地面积变化率，两者不同年份脱钩关系变动情况见表 1－8。

表 1－8　江苏省整体及不同区域粮食产量增长率和耕地面积变化率脱钩关系

阶段	地区	粮食产量增长率（%）	调整的耕地面积增长率（%）	关系类型
时期一（2004—2009 年）	**江苏**	**11.20**	**16.86**	**耦合**
	苏南	－1.09	6.83	耦合
	苏中	10.92	9.12	相对脱钩
	苏北	15.02	22.76	耦合
时期二（2010—2014 年）	**江苏**	**32.56**	**13.09**	**相对脱钩**
	苏南	9.60	－6.64	绝对脱钩
	苏中	25.25	4.10	相对脱钩
	苏北	30.74	18.31	相对脱钩

【注】为更准确地分析问题，本书采用于法稳的调整公式对耕地面积进行调整，并用调整后的面积计算相应增长率。调整公式：调整的耕地面积＝（粮食作物播种面积/农作物播种总面积）×实际耕地面积。

根据表 1－8，从江苏省省级层面来看，由时期一转到时期二，苏南地区和苏北地区脱钩程度都有了一定程度的下降，分别由时期一的耦合下降到时期二的绝对脱钩、相对脱钩。由于表 1－8 只能对同一区域不同时期粮食生产的耕地资源脱钩情况做粗略的分析，因此，为了对不同区域间脱钩状况进行比较，本书进一步借鉴 OECD 采用的脱钩指数：

$$D_r = \frac{D_{it}}{D_{i0}} \tag{1}$$

其中，$D_i = \frac{EP}{DF}$，EP 代表环境压力，DF 代表经济增长。在本书中，EP 代表耕地面积，DF 代表粮食产量。脱钩因子定义为：

$$F_d = 1 - D_r \quad (2)$$

当 $F_d > 0$ 时，与参照区域或参照时期比实现了脱钩；当 $F_d < 0$ 时，与参照区域或参照时期比没有实现脱钩。为了便于比较，本书选择江苏省整体作为参照区域，核算苏南、苏中、苏北三大区域相比于参照区域的脱钩程度。根据表 1－8 中的数据，在最终结果中，三大区域在时期一的脱钩因子分别为 5.155、0.445、－0.009，在时期二中，脱钩因子则变为 2.722、0.596、－0.482。根据该结果，我们能够基本判断出，与江苏省整体相比，苏南地区和苏中地区的粮食生产在两时期内都实现了对耕地的脱钩，苏北地区在两时期却表现出相反的特征。由此能够初步判断，粮食生产的北移或许能够间接导致粮食生产对耕地依赖程度的提升。

为进一步考察粮食生产重心变迁对粮食生产耕地依赖方面的影响，我们选用 2004—2014 年江苏省三大区域 13 个地级市为样本，采用计量回归方法进行分析。模型选择及结果如下：

假设粮食生产函数为 $C-D$ 型，即：

$$CL_{it} = \alpha_{1,it} TZMJ^{\alpha_{2,it}} LD^{\alpha_{3,it}} HF^{\alpha_{4,it}} NY^{\alpha 5,it} e^{\alpha_{6,it} QS} e^{u_{it}} \quad (3)$$

取对数后有：

$$\ln CL_{it} = \beta_{it} + \alpha_2 \ln TZMJ_{it} + \alpha_3 \ln LD_{it} + \alpha_4 \ln HF_{it} + \alpha_5 \ln NY_{it} + \alpha_6 QS_{it} + u_{it} \quad (4)$$

其中，$\beta_{it} = \ln\alpha_{1,it}$ 为常数项，CL 指代产量，$TZMJ$ 为调整后的耕地面积，LD 为种植业从业人口，HF 和 NY 分别指代化肥和农药投入，QS 为时间趋势项，u_{it} 为残差项。考虑到脱钩分析中苏北地区粮食生产和耕地面积间未能实现脱钩，而苏南地区和苏中地区则实现了脱钩，因此在省级层面回归的基础上，进一步分地区对粮食生产和耕地面积间的依赖关系给予考察，实证结果见表 1－9。

表 1 -9　耕地依赖性差异实证分析

变量	模型 1		模型 2		模型 3	
	lnCL		lnCL		lnCL	
	T 值	回归系数	T 值	回归系数	T 值	回归系数
ln*TZMJ*	0. 6229 ***	7. 0148	0. 6301 ***	7. 6712	0. 9655 ***	12. 2351
ln*LD*	0. 1490	1. 2328	0. 2180	1. 5229	0. 1945	1. 4518
ln*HF*	0. 2432	1. 5259	0. 3059	1. 4763	0. 0020	0. 0127
ln*NY*	-0. 0237	-0. 3063	-0. 0408	-0. 4092	0. 2456 ***	2. 5874
QS	0. 0325 ***	5. 5388	0. 0382 ***	4. 3165	0. 0224 ***	4. 4631
常数项	0. 5523	1. 6376	0. 1059	0. 2513	1. 0376	1. 5406
R^2	0. 9582		0. 964		0. 9507	
Wald 检验	792. 2 [0. 000]		[0. 000] 191. 6		166. 7 [0. 000]	
Hausman 检验	9. 02 [0. 1725]		6. 72 [0. 3472]		9. 71 [0. 2123]	
LM 检验	294. 34 [0. 000]		112. 84 [0. 000]		103. 8 [0. 000]	
样本数	143		88		55	
地级市个数	13		8		5	

【注】(1) *** 表示统计值在 1% 的显著性水平上显著；

(2) 方括号里的数字是 p 值。

表 1 -9 中模型 1 为全样本回归，模型 2 包括苏南地区和苏中地区的样本回归，模型 3 为苏北地区的样本回归。Hausman 检验及 LM 检验显示，三个地区都应选择随机效应模型。回归结果显示，三个模型总体显著，实证结果可信度较高。从调整耕地面积系数分析，模型 1、模型 2

和模型3中调整耕地面积变动1%，分别导致对应地区粮食产量变动0.62%、0.63%和0.97%，该结果突出了苏北地区粮食生产对耕地的依赖。其他变量中，代表技术进步的趋势项系数为正且通过了显著性检验，说明了技术进步在粮食产量增长中发挥了重要作用。比如，模型3中农药系数显著，突出了农药在苏北地区对粮食产量的促进效果。而在三个模型中，种植业劳动力投入与化肥投入符号为正但不显著，这说明江苏省劳动力投入在粮食增产中的作用不再明显，化肥投入也处在可有可无的地位。结合区域粮食生产耕地依赖差异及江苏省粮食生产区位变迁方向可以推断，尽管从省级层面及区域层面单独分析，政府扶持政策和技术进步等其他原因降低了粮食生产对耕地的依赖程度，但由于区域粮食生产耕地的依赖性差异，粮食生产区位“北去”趋势会在一定程度上给区域层面粮食生产脱钩效果的延续性带来影响。而且，从当前江苏省粮食生产功能布局的变迁趋势来看，未来江苏省内部粮食生产分工将更加明显，苏北地区将成为支撑整个江苏省省内粮食供给的“主产区”，而苏南地区、苏中地区的粮食生产功能将逐步弱化。如此，江苏省粮食生产区位变迁带来的耕地依赖性副作用将会更大，可能会进一步弱化政策和技术进步带来的耕地依赖性效应，最终影响省级层面粮食生产的耕地依赖性。

2. 加大了粮食生产对生态环境的破坏

在国内，粮食产量的持续增长实现于农业资源环境严重超载、透支的背景之下，本身面临巨大的压力（程国强，2017）。人口聚集和粮食生产空间格局的改变，则大大增加了粮食生产对环境资源的破坏。

第一，同样粮食产量的获得需要更多的水土资源投入。如前一部分分析，在资源环境已经超载的情况下，继续要求原本的甚至更高的粮食产量无疑会进一步加大对环境的破坏。

第二，生产和消费空间的分离增加了全社会对粮食的需求。要保障粮食安全，不仅要能生产出粮食，而且要满足居民对粮食的可获得性。在粮食流通运输能力相对薄弱的情况下（王红茹，等，2013），要满足居民一定的粮食需求，就必须在粮食流通领域配置更大比例的粮食。此时，原本的粮食供给水平将不能满足既定的居民消费需求。在粮食总供给测算中不能忽视流通中的粮食量，这就给粮食生产带来了额外压力。

二、制度约束加重水土资源扭曲

除了人均耕地面积偏低外，我国当前农地制度下的耕地配置机制还导致了农地的细碎化及弃耕抛荒，进一步加重了低人均耕地面积对粮食生产效率提升的阻碍。

为阻断“耕者有其田”的传统思想和土地兼并的循环反复，我国最终确立了农村的土地集体所有制。紧接着，产生了农村土地的集体所有制以何种形式实现的问题，即经营体制问题。从时间的先后顺序来看，党在这个阶段的探索和实践，经历了人民公社时期从“一大二公”到“三级所有，队为基础”的探索，以及改革开放以后从“两权分离”到“三权分置”的两大实践过程。

得益于西方经济学中产权概念的引入，决策层接受了“财产的所有权不一定决定只有所有者才可以经营使用财产”的理念，不再将“土地所有权归集体，但是土地由家庭来承包经营”看作对土地集体所有制的破坏。由此，家庭联产承包责任制作为农村的一项基本经济制度得以确立。

然而，在土地集体所有的情况下，家庭联产承包责任制的推行仍需面对“耕者有其田”的现实问题。在土地分配问题上，我国曾在农村改革伊始提倡过“按劳分配”的理念，但最终的落实却仍以“按人分配”为主（杜润生，2005），从而使农地的细碎化问题更加严重（许庆，等，2008；叶春辉，等，2008）。

在城镇化水平较低，农民流动性较弱的时期，土地细碎化有助于提高农户收入水平、缩小农民间的收入差距、降低农民的生产风险等。然而，随着农村劳动力的不断流出，精耕细作的农业经营方式被机械化大生产替代，原本的农地细碎化就成为农业发展的阻力，而且，农村土地产权结构的模糊性，更放大了农地细碎化的负面作用。

与农地细碎化阻碍农地规模经营相对应的是农地的闲置，尤其是在2006年农业税全面取消后，农户拥有不用支付使用费的农地承包权，但如果租金达不到其心理预期，这部分农地时常被粗放经营甚至弃耕抛荒。此外，为缓解经济社会发展用地需求与耕地保护之间的矛盾，确保耕地总量实现动态平衡，政府提出了耕地占补平衡的说法。

三、消费结构增加水土资源负担

从历史发展经验来看，一个国家或地区居民收入水平的提高，必然会带来膳食结构的改善，主要表现为直接消费的粮食量减少，而畜禽产品的消费量则会大幅增加，由此带来间接粮食消费量与粮食消费总量增加（曹志宏，2013）。

一方面，随着经济的不断发展，居民生活水平提高，我国的居民食物消费种类也更加多样，水果、蔬菜、肉蛋奶和水产品等的消费量均有所增加。从国际经验与市场趋势来看，我国米、面等口粮的人均消费规模在缓慢变小，食用油的人均消费量已接近顶峰，肉蛋奶等品种的人均消费规模还会进一步扩大。

另一方面，为确保粮食安全，国内农业资源环境已严重超载、透支（程国强，2017）。膳食结构的改善和升级导致食物生产用地需求越来越大，尤其是在肉类、食用油和其他淀粉类食物消费大幅增加的推动下，在过去几十年中，农业生物系统的耗水量和土地利用率呈不断增长趋势。其中，动物性食品消费占人均食物生产用地需求的比重在21世纪初期已达到30%（樊胜根，等，2021）。

供求方面的巨大缺口也引发了学术界对食物供给和食物需求两方面的探讨。食物供给方面，如何利用国外水土资源是讨论的关键。其中，进口的品种结构及如何走出去是该领域讨论的焦点（余慧容，刘黎明，2017；熊学振，杨春，2021）。

学术界关于食物需求方面的研究主要有膳食结构调整和减少浪费两个方面。其中，在膳食结构调整方面，随着我国居民消费结构持续升级，部分人群已由营养不足转向了营养过剩，部分指标如肉类消费已经超过了《中国居民膳食指南》建议的标准。对此，樊胜根等（2021）认为，要建立并实施营养驱动型的农业补贴政策，引导形成以营养为导向的食物生产系统，提高农业生产和市场供应食物的营养价值，同时，通过教育和宣传促进居民更加关注健康、营养与环保，并通过各种方式予以保障。

2020年以来，食物浪费问题已成为该领域的又一热点。国家粮食局资料显示，近年来，我国从收获到消费环节平均每年浪费粮食约3500万吨。对此，学术界从多学科视角探索食物浪费的形成原因（钱龙，等，2021；陈思静，等，2021；汤夺先，王荞，2021），并在测度食物浪费水平的基础上（王灵恩，等，2021），从制度、规则方面探索破解食物浪费问题的路径（成升魁，等，2020；孙佑海，2021），取得了一系列成果。

第二章

粮食安全观调整与体制机制改革

为适应人民群众对粮食安全需求的改变，我国的粮食安全观不断调整，并配套以相应的体制机制，努力挖掘既有水土资源条件下的最优产出。虽然最终确立的粮食安全观采纳了学术界的部分成果，但其与学术界期待的粮食安全观在内涵和功能上仍存在较大差距。对两者差距的解读将有助于政策制定者更好地把握中国化的粮食安全观的内涵，也让制定出的体制机制改革方案更具针对性，更能有效提升粮食安全的保障效率。

基于以上考虑，本章在归纳粮食安全观概念的同时，从当前理论层面对粮食安全观“越来越大”的期许和政策层面对粮食安全观“越来越小”的矛盾出发，展开讨论并给出解释。研究认为，在供给型的粮食安全保障思路下，大粮食安全观不仅会导致食物供给的低效率，而且会让政府无法承受。因此，看似矛盾的现象其实有着内在统一性，“政府抓口粮，市场保其他”才是适合当前我国的粮食安全观。

本章在对适合我国或者可以指导实践的粮食安全观有所把握的基础上，回顾了我国粮食安全战略的调整内容及粮食经营体制、流通体制和贸易体制的改革。分析发现，无论是粮食安全战略的调整方向，还是体制机制的改革特征，都可从可行性视角对粮食安全观方面加以解释，即供给型的粮食安全保障手段，限制了粮食安全保障的战略制定及改革方向。在不改变供给主导型粮食安全保障的框架下，构建双重粮食安全保障体系可有效打破阻碍粮食安全观完善的诸多限制，让转变后的粮食安全观发挥更大作用。

第一节

转变中的粮食安全观[①]

粮食安全是关系我国国民经济发展、社会稳定和国家自立自强的全局性重大战略问题。我国向来高度重视粮食安全，在人多地少水更少的现实条件下，不仅采取了常态化的支持和保护政策，而且在2015年颁布的《中华人民共和国国家安全法》中，将粮食安全提升至国家安全战略地位。

然而，保障粮食安全，不仅要在战略和政策层面努力，而且需要及时转变应对粮食问题的思维方式，完善粮食安全观（王向辉，2015；徐振宇，等，2016）。粮食安全观是对粮食安全总的看法和认识（赵丽佳，2012），决定着粮食安全战略的制定及粮食安全保障的政策选择

①原文名为《转变中的粮食安全观：理论期待与新粮食安全观的构建》，发表在《农业经济问题》2022年第3期，此次出版有少许改动。

（赵德余，2006）。作为国家安全观的重要组成部分，粮食安全观从来不是一个独立的概念，其形成与发展折射着时代的变迁，刻有世界政治格局变化的烙印（胡岳岷，刘元胜，2013）。波澜壮阔的改革让我国日新月异，同时也催生出转变粮食安全观的强烈诉求。纵观世界，一个国家的粮食安全观多会根据国情粮情的变化做出调整，中国亦然（陈晨，2015）。从可查阅的文献来看，自1989年起，学术界从未停止过在重塑粮食安全观方面的努力（任锦芳，1989；毛学峰，孔祥智，2019），而努力的结果也部分地得到了决策层的回应。经过对传统粮食安全观的不断调整和突破（赵德余，2010；崔宁波，王欣媛，2020），“确保谷物基本自给、口粮绝对安全”的新粮食安全观被最终确立[①]。

一、中国粮食安全观转变的理论期待及现实意义

随着国情粮情的改变，学术界和决策层从未停止过对更有效粮食安全观的探索（马晓河，2003；程国强，2017；毛学峰，孔祥智，2019）。自20世纪50年代毛泽东提出“以粮为纲”的农业生产基本方针后，经过不同时期的调整，国家层面的粮食安全观整体上朝着更开放、更有效的方向发展（谢莲碧，黄雯，2012；崔宁波，董晋，2020）。

（一）传统粮食安全观不适用的内在逻辑

传统粮食安全观是在国际关系紧张、粮食供给短缺的现实背景下诞

①2019年10月14日国务院新闻办公室发布的《中国的粮食安全》白皮书中，正式采用了“‘确保谷物基本自给、口粮绝对安全’的新粮食安全观”这一提法。

生的，沿袭了中国传统的粮食安全观念（毛雪峰，孔祥智，2019）。传统粮食安全观究竟是什么，尚没有权威的定义。但是，要树立新的粮食安全观，必然要阐明传统粮食安全观的不适用性，这就涉及传统粮食安全观的特征以及对传统粮食安全观的评价。从一些新粮食安全观倡议者的批判入手，我们可以获得传统粮食安全观的特征信息，即政府统筹、自产自足、“以粮为纲”，以及对生态和水土资源保护的忽视（赵丽佳，2012）。

在中国人多地少水更少的基本国情下，随着人口的增加及消费结构的升级，继续依靠本国资源实现粮食高度自给不仅不具备可持续性（毛雪峰，孔祥智，2019），而且不再符合我国现阶段粮食安全的需求（李国祥，2020）。具体来说，传统粮食安全观的不适用性大致有以下表现：

1. 需求端的挑战

随着经济的不断发展，食物结构日趋多样化，人们对粮食的直接消费有所下降，而更加关注食物的质量和营养。在“粮食转换率”一定的情况下，这样的消费调整将会带来间接粮食消费量与粮食消费总量的增加（岸根卓郎，1999；封志明，史登峰，2006；辛良杰，等，2015；钞贺森，等，2017）。同时，在有限的水土条件下，也加大了水土资源、环境的压力，对我国的粮食安全保障带来更多挑战（汪慧玲，卢锦培，2014；程国强，2017；杨鑫，穆月英，2018）。此外，多元化的食物结构也让高口粮自给率的必要性下降（辛翔飞，等，2020）。与以主食消费为主的时期不同，主食消费占比的下降意味着粮食自给率与粮食安全水平的脱钩，足够甚至过高的粮食供给并不能满足居民多样化的食物需求（辛翔飞，王济民，2019）。

2. 供给端的压力

在有限的水土条件下，粮食生产并不具备比较优势。此时的高粮食自给率目标，只能依靠政府的干预来实现。其产生的后果不仅是资源配置效率下降，而且会伴随着一定的生态代价与财政代价。低效率的粮食流通体制也让高粮食自给率实现的代价更大。在低效率流通体制下要达到同样的粮食安全水平，需要有更多的粮食产量及粮食储备做支撑，因此，资源环境面临的压力也更大（武舜臣，等，2016；王帅，赵秀梅，2019）。

结合以上分析可知，随着人们收入水平的提高和饮食结构的调整，传统粮食安全观下的数量型农业不仅不能满足人民日益增长的消费需求，还让需求量较少的农产品的生产占用了大量水土资源，致使“生产端的无效农产品过剩”和“消费端的需求产品供应不足”的问题并存，农民利益、消费者利益，甚至整个社会的利益遭受损害。因此，传统粮食安全观已经远远滞后于当前我国的国情粮情，粮食安全观亟待重构。

（二）对中国粮食安全观转变的探讨

学术界对转变粮食安全观的探讨包含多个层面，且在不同层面有过反复和争议，较难从整体上给出一个清晰的路径。这里借鉴王钢和钱龙（2019）在《新中国成立 70 年来的粮食安全战略：演变路径和内在逻辑》中剥离粮食安全观演变过程中的关键要素，并组合考察不同阶段粮食安全观基本特征的分析方法，再结合赵丽佳（2012）对粮食安全观内涵的分解，将“粮食安全观”拆分为“粮食”“安全”和“观”三个部分。其中，转变粮食安全观，主要是指在“粮食”及“安全”两个层面上的转变。

1. 粮食安全与“粮食”口径调整

国内学者在理解国际通用“食物安全”概念[①]的基础上，针对性地将其调整为“粮食安全”（赵丽佳，2012），并对不同时期“粮食安全”中“粮食”的范围做了界定。在计划经济时期的粮食安全观中，除个别时间段，“粮食”的范围多限于水稻、小麦等几种农作物，不仅忽视了林、牧、渔等农副产品对粮食的替代作用，而且舍弃了其他粮食品种的发展（熊丽英，等，1999）。改革开放之后，农业生产一度出现“以粮为纲、全面发展”的良好局面。然而，1995 年以后，我国片面追求水稻、小麦产量的现象再次出现，也为后续的粮食安全埋下隐患（谢扬，2001；王汉中，2006）。

“粮食安全”中“粮食”口径的调整主要有两个方向：一是“大粮食观”[②]。随着生活水平的提高，人们的膳食结构发生了根本性变化，有必要将“粮食”的概念从只包含植物性食物转换成包含植物性食物和动物性食物的新概念（曹宝明，等，2021），同时，自 20 世纪 90 年代开始，化“粮食安全观”为“食物安全观”的呼吁从未停止（黄季焜，2004；李国祥，2020；曹宝明，等，2021）。二是“小粮食观”。随着中国耕地、淡水和劳动力资源的日趋紧张，大口径粮食的全面增产不可持续。对此，政府采取了有保有放、有取有舍的粮食安全战略（王钢，钱龙，2019）。在“粮食”口径上，表现为将原本包含谷、豆、薯的“粮食”口径缩小至口粮（传统口粮为大米和小麦）范围（姜长云，等，2014）。

---

①为避免使用上的混淆，在提及国际层面时统一用“食物安全”这一名词。

②根据孙启佑（1982）的研究，“大粮食”“小粮食”的概念并不科学，本文用这两个名词，主要用于表达“粮食”口径的大小。

2. “安全”的概念与内涵的改变

与粮食安全中的“粮食”概念类似，学术界对粮食安全中“安全”概念的认知也不尽相同。而且，在不同时期，学术界对“安全”内涵的认知也有所不同（陈绍充，王卿，2009）。

计划经济时期粮食安全观中的“安全”主要有以下几个特征：一是追求数量，对质量、成本、效益和生态环境等方面关注不够（王钢，钱龙，2019）；二是强调自给自足，依靠国内生产保障粮食数量，注重高粮食自给率目标（辛翔飞，等，2020）；三是强调政府掌控，存在着“粮源掌握在政府手中才是安全的”的认知（高帆，2005）。基于以上分析，我们可以对传统粮食安全观中的“安全”做出界定：依靠国内水土资源条件，生产数量足够且被政府掌控的粮食。

随着主、客观形势的变化，传统粮食安全观中“安全”的概念受到冲击，而内涵更加丰富的新的“安全”概念逐渐形成。总体而言，粮食安全中的“安全”有两个调整方向：一是量的调整，二是质的突破。其中，量的调整主要体现在对粮食自给率水平与粮食安全关系的认定上，而质的突破主要在于“安全”内涵的延伸上。

粮食自给率长期被看作判断粮食安全情势的重要指标（杨明智，等，2019）。然而，随着消费结构的变化，高度的甚至完全的粮食自给率，不仅不意味着居民所需食物的可获得性得到保障，而且可能因为水土资源环境的限制造成更高层面的食物不安全（辛翔飞，王济民，2019）。对此，学术界尝试调整与粮食安全评判相对应的粮食自给率设定水平，主要表现为在小口径粮食完全自给的基础上，逐渐放宽大口径粮食自给率。决策层也逐渐认可了这一变化。1996 年国务院新闻办公室发布的《中国的粮食问题》首次明确提出了“在正常情况下，粮食自给率不低于95%，粮食净进口量不超过国内消费量的5%”的目标。2011年农业农村部制定发布的《全国种植业发展第十二个五年规划（2011—2015年）》也提出“确保自给率95%以上”“水稻、小麦、玉米三大粮食作物自给率达到100%”的要求。然而，随着近年来大豆进口量的逐年增加，国内包括大豆在内的粮食自给率呈逐年下降趋势。2020年，我国粮食自给率仅为82.43%，但在谷物自给率长期保持在95%以上的情形下，粮食安全形势持续向好仍是当前的主论断。

粮食自给率在质的突破方面主要表现有三点：一是生活水平的提升引发了消费者对食物高质量的诉求，也让“质量安全”“营养安全”成为粮食“安全”的重要指标（谢扬，2001；黄季焜，2004；王汉中，2006；李国祥，2020）；二是可持续性概念的引入，过高的经济成本与环境成本无法实现粮食长期可持续的安全保障，可否持续也被看作判断粮食是否“安全”的重要标准（谢扬，2001；曹峻，2008；韩俊，2013；程国强，2017）；三是国际视角的引入和对利用国际市场的态度的转变，即适当利用国际市场不再被看作是粮食不安全的标志（孔祥智，2001），这也引发了学者对粮食自给率方面的探讨（辛翔飞，等，2020）。

（三）粮食安全观转变的现实意义

不同的粮食安全观对应着差异化的粮食安全战略，进而影响着政府的政策选择和国内食物安全保障的形势。历史传承与中华人民共和国成立初期的国际形势是我国传统粮食安全观的形成背景，传统粮食安全观在计划经济时期也一度发挥过积极作用（邹华斌，2010）。然而，没有永远适用的策略，随着国情粮情的不断变化，传统粮食安全观导致的一系列问题被逐渐放大，给我国未来发展造成了巨大压力，倒逼粮食安全观进行调整、转变（魏玉君，叶中华，2019）。转变后的粮食安全观在更好地指导、保障粮食安全方面具有积极意义。

1. “粮食”口径扩大的积极意义

“粮食”口径的扩大不仅能够更好地匹配当前人们的饮食结构，而且对政府粮食安全的评价和农业结构的调整也具有重要意义（曹荣湘，2005；詹琳，等，2018）。在以谷、豆、薯为内涵的粮食安全观下，政府过度关注粮食生产，常会因粮食生产的小幅度波动而担心粮食安全（余静，2005）。显然，随着粮食在居民消费中比重的下降，粮食自给率与粮食安全保障水平的关系不再紧密（辛翔飞，等，2020）。政府可对粮食产量和价格波动给予更大的容忍空间，这将有助于粮食市场机制的形成。

此外，随着“粮食”口径的扩大，因农业结构调整引起的粮食产量下降将不再让地方政府“如坐针毡”（曹荣湘，2005）。相反，增加的经济作物会替代粮食作物，成为居民多样化食物需求的重要保障，进而更好地保障了粮食安全（侯东民，2003）。基于此，政府可给予农业种植结构调整更多宽容度，最大化地利用农业的比较优势，降低粮食安全保障成本，推动粮食安全保障的可持续发展。

2. “安全”内涵延伸的积极意义

粮食安全保障和食物消费升级是社会经济发展的必然规律（李国祥，2020），现在，居民不仅要求吃得饱，而且要求吃得好。消费结构升级不仅需要质量更高的粮食产品，而且需要高质量的肉蛋奶、水产品和蔬菜水果。根据能量转换规律，在技术水平没有重大突破的前提下，提升消费结构意味着更多原粮的产出，这将在无形中加重我国土地资源和水资源压力。因此，在水土资源有限的情况下，要实现有质有量的粮食安全，更低的经济效率和更高的生态成本难以避免（蒋敏，等，2019）。此时，在“安全”中加入“可持续”的内涵虽有必要，但也加大了用本国资源保障粮食安全的难度（陈湘涛，占金刚，2011；吴宇哲，等，2020）。在这种情况下，资源全球配置视角的引入可以缓解我国土地资源和水资源的压力。结合以上分析可知，粮食安全中“安全”内涵的延伸是一个逻辑自洽的有机整体。

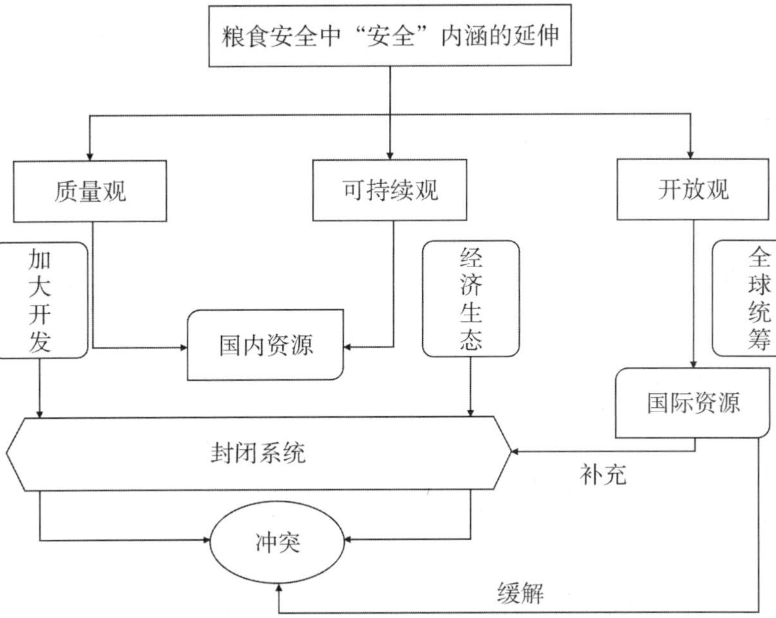

图 2－1　粮食安全中“安全”内涵延伸的逻辑框架

由图 2－1 可知，一旦做到了“安全”内涵的体系化延伸，就等同于搭建起了“有数量、高质量、可持续”的粮食安全观可行框架，这将对提高我国粮食安全保障能力产生重要作用。

3. 调整粮食自给率的积极意义

食物消费的多样化降低了主食的消费比重。此时，继续以高粮食自给率作为粮食安全状况的衡量指标既不科学也没必要（辛翔飞，王济民，2019）。而且，鉴于保持高粮食自给率出现的一系列问题，调整粮食自给率的必要性就更加凸显。

以高粮食自给率作为粮食安全状况的衡量指标存在以下问题：第一，为实现高粮食自给率目标，政府干预下的国内水土资源配置越发扭曲，资源利用效率偏低（Fan，2017）；第二，低效率的粮食流通体制，让高粮食自给率下的粮食损耗和成本压力倍增，加重粮食安全保障负担（郑兆山，2003；周应恒，胡凌啸，2016）；第三，在消费结构多样化的情况下，以高粮食自给率作为衡量指标会导致决策层对粮食安全现状的误判。毛雪峰和孔祥智（2019）在研究中发现，2004—2016 年我国粮食生产实现“十二连增”，保证了高自给率的粮食安全目标。然而，按肉料比 3. 5:1 粗略计算，2016 年我国等价进口的饲料粮就高达 1368 万吨。此时，口粮的高自给率掩盖了决策层对粮食安全整体现状的把控。

因此，设置一个合理的粮食安全自给率指标，同时弱化粮食自给率与粮食安全的关联性，将有效解决这些问题，提高粮食安全保障能力。

二、粮食安全观的选择性转变及内在逻辑

同样是为了更好地指导粮食安全保障工作，粮食安全观转变的理论方向和改革实践却存在偏差。同一目标为何会导致异质性转换？本节尝试在阐述粮食安全观转变的理论探讨和改革实践的基础上，探索形成偏差的内在机制。

（一）中国粮食安全观转变的改革实践

变化的国情粮情让既有的传统粮食安全观不再适用。对此，学术界

以资源配置效率提升为目标，提出了粮食安全观的诸多完善路径。鉴于粮食安全保障的重要性，以及立足政府供给的粮食安全保障体系，决策层对于粮食安全观的调整，不仅要重视安全与效率，而且要突出可行性。

改革开放以后，国内外形势发生重大变化。始于农村的诸多改革改变了以往的粮食供求局面，并在1984年出现了新中国成立以来的第一次粮食供给过剩，传统粮食安全观在政策选择和落实粮食安全保障方面表现出明显的不适应（赵德余，2010），转变粮食安全观的呼声不断出现（牛若峰，1993）。

经历了近20年的发展变化，结合学术界对粮食安全观的诸多呼吁，20世纪90年代末，我国的新粮食安全观基本成型。就当时看，“从基本国情出发，中国农业尤其是粮食发展战略要立足于国内基本自给，以适时适度利用国际市场为辅助调节”，是已确定的中国农业发展战略指导思想（蒋永宁，翟永红，1998）。同时，政府也以“立足国内、基本自给、适度进口、促进交换”作为21世纪中国的粮食战略与策略（胡鞍钢，1997）。以文件形式正式提出的粮食安全观出现于2019年10月14日国务院新闻办公室发布的《中国的粮食安全》白皮书中。白皮书提出，“党的十八大以来，以习近平同志为核心的党中央把粮食安全作为治国理政的头等大事，提出了‘确保谷物基本自给、口粮绝对安全’的新粮食安全观，确立了以我为主、立足国内、确保产能、适度进口、科技支撑的国家粮食安全战略”。对比两个时期的粮食安全观，我们可以发现，相比于20世纪90年代末的粮食安全观，最新的粮食安全观有两个方面的变化：一方面是从强调“粮食安全”向强调“口粮安全”的转变，缩小了食物安全的保护重点；另一方面是突出了“生产能力”，将“确保产能”和“科技支撑”两大战略涵盖在内。

相比于传统粮食安全观，政府给出的新粮食安全观结合了学术界的研究及现实可操作性，但仍需继续调整完善。

（二）理论探讨与改革实践的差异分析

伴随着国内外形势的诸多变化，粮食安全保障方面的新理念也被不断补充和完善。与谢扬[①]（2001）的判断一致，现在的中国粮食安全观越发与国际食物安全观接轨。然而，局限于我国立足于供给视角的粮食安全保障体系，过于丰富的粮食安全观反而会降低政府在粮食安全保障方面的执行效率，影响粮食安全保障的可行性。因此，粮食安全观在改革实践方面与理论研究方面存在较大偏差。结合前面的分析，在传统粮食安全观基础上的改进大致可分为四类组合（见图2－2）。我国粮食安全观的调整，表现为以“粮食”口径的扩大和缩小以及“安全”内涵的延伸或粮食自给率程度的调整为维度，两两组合的结果。

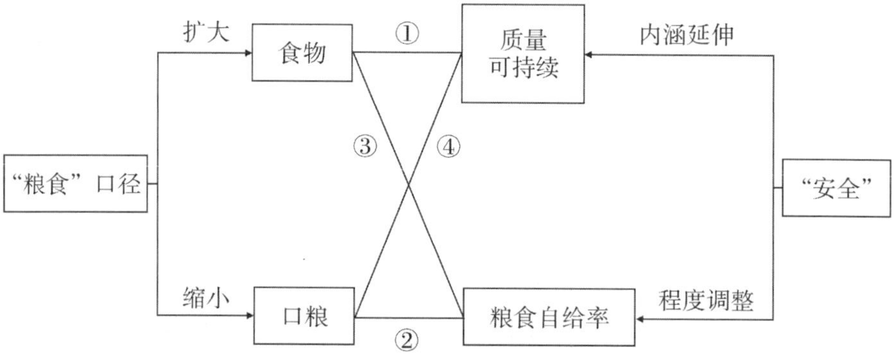

图2－2　中国粮食安全观的转变路径

①谢扬．新的粮食安全观［J］．经济与管理研究，2001，（04）：8－11．

对比粮食安全观的理论研究和改革实践可以发现，学术界倾向于“大粮食安全观”及该理念下的“安全”概念调整，表现为图2－2中的①和③。其中，①意味着“大粮食安全观”下“安全”口径的扩大；③意味着“大粮食安全观”下较低的粮食自给率。政府层面形成的粮食安全观侧重于“小粮食安全观”，以及该理念下的“安全”概念调整，表现为图中的②和④，其中，②意味着高口粮自给率的保障，④意味着“粮食”口径的缩小可以适当实现“安全”概念的扩大。而且，在“粮食”口径调整差异化的基础上，“安全”概念认知的同种变化有不同的内在逻辑。

通过分析图2－2可知，粮食安全观诸多有益的理论研究未被采纳是不争的事实。在理论层面，我国粮食安全观的讨论已与国际粮食安全观接轨并逐渐并轨，实现了与国际通用的1996年“粮食安全”概念的直接对接（武拉平，2019）。然而，在现实层面，新粮食安全观的内涵更符合1983年的“粮食安全”概念，评判粮食安全程度也多以此为标准（孔祥智，2001）。因此，即便2019年《中国的粮食安全》白皮书定义了新粮食安全观，但学术界仍未停止在粮食安全观转变方面的讨论与尝试（李国祥，2020；曹宝明，等，2021）。

（三）粮食安全观差异化转变的内在逻辑

在日本，粮食政策的基本课题和作用与实现它的基本政策、手段之间的关系表现为“基本课题侧重于消费方，实现的基本政策、手段侧重于生产方”（岸根卓郎，1999）。中国的粮食安全观与日本的粮食政策逻辑有一定的相似之处：学术界基本课题的探讨侧重于消费方，基本的政策、手段则侧重于生产方，由此产生了学术界和决策层在粮食安全观转变方面的根本分歧。

1. 转变粮食安全观的理论逻辑

我国国情粮情的改变降低了传统粮食安全观的有效性，也提升了粮食安全观转变的必要性（程国强，2017）。针对传统粮食安全观与新粮情矛盾导致的诸多问题，学术界多从粮食安全的基本概念出发，提出应对措施，并将之看作粮食安全观的新内涵。

与粮食安全的概念类似，学术界对粮食安全观转变的分析立足需求视角，关注不同人群的营养状态（唐丽霞，等，2020；曹宝明，等，2021）。此外，学术界对粮食安全观转变的发展逻辑也与粮食安全概念的调整类似：为应对不同时期粮食安全问题的异质性，呈现出从笼统、单薄到逐渐明确、丰富的不断变化的有迹可循的过程（陈晨，2015）。因此，在粮食安全观转变方面，学术界可以提出更丰富的概念，只要有助于解决当前粮食安全问题的观念和措施，都可以引入粮食安全观的内涵。

2. 转变粮食安全观的现实逻辑

决策层对粮食安全观的讨论，不仅要考虑现实粮情，而且要考虑现有粮食安全保障体系的可行性。在中国，行政化运作是粮食安全保障的主渠道，政府供给是粮食安全保障的关键（高帆，2005；李国祥，2020）。正因为立足于供给视角，面对同样的粮情变化，政府不得不考虑更多限制因素，这也影响了我国粮食安全观的改革实践。

在以政府调控、供给为主的粮食安全保障机制下，“大粮食安全观”必然意味着政府需要掌握居民所需食物的全部信息，进而保障全部食品的供给。显然，这对政府而言是个难以完成的任务，原因有两点：一是居民消费需求的信息难以准确获取；二是即便能获取准确的居民消费信息，财政能力和水土资源条件也不足以支撑政府的大口径食物供给。因此，政府会选择更容易掌控的粮食安全观转变方向，即缩小粮食口径。

粮食安全观的调整需求源于粮食供给侧和需求侧两方面的矛盾。其中，供给侧矛盾来自政府粮食安全保障过程的成本压力，包括财政成本、生态成本、资源成本等（程国强，2017）；需求侧矛盾来自居民生活水平提升后对食物质量、结构的诉求（李国祥，2020）。在中国，粮食安全的概念立足于供给，这意味着供给侧矛盾才是决定粮食安全观转变的关键。因此，学术界主导的、从需求侧出发的诸多呼吁难以被采纳，进而造成粮食安全观在理论研究和官方界定方面的偏差，具体比较见表 2－1。

表 2－1　差异化粮食安全观发展方向与内在逻辑比较

类别	目标	视角	约束条件	发展方向
官方的粮食安全观	保障粮食安全	供给	可执行性	口粮安全观、保障自给率
学术界的粮食安全观	保障粮食安全	需求	可获性	食物安全观、生态可持续
国际食物安全概念	保障粮食安全	需求	可获性	食物安全观、生态可持续

【注】为更好地突出差异，本表加入了国际粮食安全概念的发展及内在逻辑情况，通过比对可以进一步确认粮食安全观理论层面的讨论已与国际粮食安全观接轨并逐渐并轨的趋势，也凸显出官方的粮食安全观在约束条件下的另类道路。

三、新粮食安全观的局限与突破

不论是理论分析还是改革实践，相比于传统粮食安全观，转变后的粮食安全观更符合新阶段的国情粮情。然而，由于新粮食安全观仅采纳了相关研究成果中的部分内容，因此也限制了学术界所期待的粮食安全观转变后积极效应的发挥（王向辉，2015）。以上问题的根源，在于粮食安全保障体系方面的缺陷。

（一）反思新粮食安全观效能

局限于中国的粮食安全保障体系，官方最终确立的粮食安全观与学术界的期待还存在较大差距。学术界给出的新粮食安全观内涵更趋完善，这也意味着当前的新粮食安全观可能存在若干局限性，具体表现如下：

第一，"小粮食安全观"让粮食安全保障的核心部分成为可能，却不利于政府对粮食安全现状的把控。"小粮食安全观"降低了高粮食自给率的政府财政支出，也减轻了资源、环境的压力，在一定程度上提升了资源配置效率。然而，与日韩两国的情况类似，完全甚至超额的谷物自给率并不意味着粮食安全不存在问题。在确保口粮高度自给的前提下，决策层和学术界对食物层面中国粮食安全状况的讨论和分析可能会被弱化。

第二，粮食生产能力是在一定时期、特定地区和一定的技术条件下，通过投入粮食生产要素所形成的粮食产出能力（王琛，等，2014）。虽然粮食生产能力被增添至粮食安全观内涵中，但限于"能力"测度上的困难，且始终没有合理的评价指标，其在政策实践领域的体现较少。从决策层粮食安全的评价标准来看，粮食产量和粮食自给率，以及短期内的粮食价格波动的权重更大。学术界构建的具有代表性的粮食安全评价体系，也缺乏足够的粮食生产能力评价指标（唐丽霞，等，2020）。考虑到大多数情况下粮食产量增加与生态环境透支的高度相关性，多数学者选择的、以粮食产量作为粮食生产能力替代指标的做法并不合适（卢新海，等，2020）。

第三，决策层和学术界在国际市场利用方面的思路尚不明晰，尚存争议的国际参与态度降低了我国对国际资源的利用效率。新粮食安全观缩小了以高粮食自给率为目标的粮食品种，这自然暗含着其他粮食品种进口的放开。然而，截至目前，国内学者在粮食进口问题上仍常将国际粮商或个别粮食出口国作为假想敌。这种忽略经济逻辑而放大不确定外在因素的做法不利于我国对国际资源的统筹利用。

（二）重塑粮食安全保障体系

结合上文分析，"大粮食安全观"固然更有意义，但在既有的国内粮食安全保障体系下，让大众采纳"大粮食安全观"并不现实。按照以往的粮食安全保障路径，政府主导、供给保障是粮食安全的核心。此时，"大粮食安全观"的引入势必加大政府的调控难度，增加政府粮食安全保障的成本。新粮食安全观已是政府财政难堪重负下的无奈选择，引入"大粮食安全观"后的政府财政压力更难想象。因此，实现当前粮食安全观内涵上的突破，关键在于打破限制粮食安全观转变的政府逻辑。探索与"大粮食安全观"配套的粮食安全保障体系，是实现粮食安全观进一步突破的关键。

"大粮食安全观"的构建，大致有以下两条路径：一是转换粮食安全保障视角，变供给视角为需求视角；二是调整、完善以政府供给为基础的粮食安全保障机制，制定类似日韩两国的粮食安全战略以及与常规相配合的粮食安全保障机制。考虑到粮食安全保障的重要性，以及中国市场机制的相对弱势，第一条路径在短期内难以实现，第二条路径的可行性更大。

在粮食安全保障机制改革方面，双重粮食安全保障体系具有重要的指导价值（侯东民，2003）。粮食安全保障与农业常规发展战略分家，是世界上具有资源约束农业特点的国家与地区经济社会发展的必然趋势，也是我国重塑粮食安全保障体系的必由之路。具体来说，该机制的目标是更好地定位政府和市场在粮食安全保障中的分工，将政府职责定位于粮食储备和居民购买力上的口粮安全保障，而将非口粮市场放开，由此形成多元化市场主体，让市场机制发挥作用（曹荣湘，2005）。

口粮安全是粮食安全的核心部分，其安全保障应由政府把控。因非口粮市场的放开而节约的更多财力、物力、人力也可投入口粮安全保障当中，强化口粮部分的政府管制强度。此外，为进一步提升必保品种的保障力度，可以变粮食自给率目标为粮食自给量目标（辛翔飞，等，2020），通过对基本口粮需求量的核算，设定粮食自给总量水平，然后借鉴类似于1994年“保量放价”[①] 改革中提到的系列措施来推动政策落地。非必保品种和设定量之外的口粮可交由市场完成。通过“以高度计划性控制战略部分，以高度市场性放开常规部分”，提升粮食安全保障效率，维护粮食生产能力，实现粮食安全保障的可持续性。

按照该思路，粮食安全观的完善有更大的调整空间，现实中粮食安全观由粮食到口粮的调整，以及学术界长期期待的由粮食到食物的调整可以同步实现。政府在加大对主要粮食品种直接控制的同时，加大对食物范围口径的管理力度，实现类似日韩两国的双重粮食安全保障体制。

①保留定购数量，收购价格随行就市。

当然，日韩两国的双重粮食安全保障体制也暴露出一定的问题（武舜臣，2018）。汲取日韩两国粮食安全保障中的成功经验，进而构建一套完善的、适合中国的双重粮食安全保障体系有一定的必要性和可行性。

在上述粮食安全保障体制建成后，吴志华和胡学君（2003）提出的以“大粮食、小口粮”为特征的新粮食安全观，以及朱满德等（2018）提出的新型大国粮食安全战略全局观就有了构建基础。进而促进以“口粮特殊与一国生产”“非口粮非特殊与二路竞给”为战略，计划保口粮、市场保非口粮，以粮食安全的经济性确保“以合理成本保障粮食安全思想”的实现。

第二节

粮食安全战略调整中的品类调减与效率提升

近年来，随着我国城镇化的推进，因制度瓶颈导致的资源错配问题更加突出，其中，农村普遍存在的农地不足和农地闲置并存现象便是突出表现。为提升既有的农业生产资源利用效率，我国在制度层面进行了有效的改革探索，一定程度上打破了原本的制度桎梏，提升了农业资源利用率，为粮食安全保障创造了较好的条件。

虽然经过了一系列体制机制的改革与完善，造成粮食安全保障领域资源扭曲的诸多因素已被尽可能消除，但是由制度红利释放的粮食生产能力，仍较难支撑日益增长的人口和不断升级的消费结构。对此，在体制机制改革的基础上，我国又在粮食安全保障战略方面开展了一系列调整，有效提升了粮食安全的保障效率。

一、资源环境约束与比较优势机遇：坚定适度进口必要性

随着国内居民消费水平的提升，粮食安全依托的水土资源条件再次

提高，这意味着粮食安全保障的成本也相应提高。在需求刚性增加的前提下，是否有必要继续牺牲资源和环境换取粮食？答案是否定的。结合我国的比较优势开展国际贸易，既可以减轻国内资源和环境压力，又能降低粮食供给成本，这无疑是更好的选择。

（一）对粮食进口必要性和可行性的争议

新中国成立初期，国际局势复杂，难以大规模进口粮食，此时国内粮食生产以“自力更生”为主。在生产能力不断提高、制度不断完善的过程中，我国的粮食产量也不断提升。

改革开放后，我国经济快速增长，工业化和城市化进程的加速发展导致农业生产资源不断流入非农业部门，耕地面积减少，粮食播种面积也不断缩减，且进一步稳定地提高粮食单产的难度越来越大，粮食持续稳定增长潜力受限。同时，受人口数量在短期内持续增加以及人们消费结构升级的影响，我国人民对粮食需求不断增加，对粮食品质的要求也不断提高，粮食供需缺口进一步扩大。在我国粮食供需不平衡、农民增产不增收、国际粮食竞争力下降、粮食市场制度改革进展缓慢、WTO对粮食生产与流通的冲击等背景下，学术界对我国粮食进口的必要性和可行性产生了争议，比较有代表性的观点有以下两个：

第一，现行粮食过剩是阶段性的低水平剩余，我国粮食安全必须建立在粮食自给自足的基础上，粮食进口只是总量平衡下的品种调剂，而不是保障粮食安全的基本手段。虽然实现粮食自给的代价不小，但相对于“万一遭粮食禁运而造成的粮食危机”来讲，这一举措仍具有合理性和可行性。而且，粮食关系人民的基本生活和社会稳定，尤其是对于我国这样一个历史上多次发生饥荒的人口大国，实现粮食自给有着重大的政治意义（廖丹清，郭家虎，1999）。

第二，在 WTO 框架下，应充分考虑粮食安全与国内外两个市场的有效利用问题，利用国外市场满足我国粮食需求是可行且必要的。粮食禁运带来的问题并不是不能解决，严格控制耕地面积的非农占用，即使一时出现如粮食禁运等问题，也可以在较短的时间内迅速恢复粮食生产（郜若素，杨芳，1997）。我国进口粮食所需要的外汇支付能力没有问题，但保持庞大的粮食储备则需要大量仓储设施和巨额储藏费用，同时还要承受粮食损耗和粮食品质下降带来的损失。利用国际市场，就可以在保证粮食安全水平不变的条件下大大减少储备的规模和储藏费用，利用国际市场“熨平”国内粮食生产的波动，以平衡国内市场供求，保障粮食安全（朱晶，2000）。

我国过去的粮食自给率一直保持在 90% 以上，并为此付出了巨大的代价（张广翠，2005）。粮食自给率并不是越高越好，从实际国情出发，实现粮食自给自足的资源成本和经济成本太高，影响到我国经济的可持续发展。而在一定范围内从国际市场上进口粮食有利于保障国内粮食的稳定供给，有利于优化农业资源的配置，改善农业结构，发展农产品加工业和扩大农产品出口创汇（李晶晶，2005）。我国粮食安全政策选择必须统筹国内、国际两个市场，充分认识国际粮食市场的不确定性和风险性等，粮食安全必须立足于国内基本自给，着重处理好粮食的进出口贸易与合理保护的关系（倪洪兴，2009）。

粮食进口对我国而言是基于资源环境约束中的选择。我国粮食供给和需求在较长时期内将始终面临着供给总量不足而需求总量增加的双重压力，且由于人均水土资源较为贫乏，进口粮食相当于进口水土资源。进口粮食中的虚拟水提升了我国粮食安全保障程度（柯兵，等，2004），缓解了水资源压力，实现了农业经济效益（隋丹，屠梅曾，2006）。除了虚拟水之外，进口粮食中还存在虚拟土。粮食进口对实现粮食安全和土地安全、提高土地资源利用效率和优化土地资源配置都有重要意义（严志强，等，2007）。但虚拟水贸易是把双刃剑，对进口国而言，可能导致经济、政治等方面过度依赖他国，带来失业等问题（何艳梅，2006）。

随着粮食产业规模的扩大以及粮食贸易的发展，也有学者认为我国应更广泛地参与世界粮食安全事务，积极开展粮食安全的国际合作，建立稳固的海外粮食生产基地，在国际法的基础上，与主要粮食出口国达成协议，稳定供需关系（周明建，2005）。我国农业可以实施"走出去"战略，去土地资源丰富和水资源充沛的国家购买或租赁土地来生产粮食，以缓解水土资源的压力（谭砚文，2011）。

"适度进口"已经成为当前学者的共识。粮食安全大账不仅要考虑粮食价格，而且必须考虑众多农民的就业、收入和生计问题，以及国家全局的、长期的安全（丁声俊，2015）。近年来，在粮食生产连年丰收的同时，我国粮食呈现出净进口且进口增长迅速的特征，给国内粮食产业健康发展和粮食安全带来了极大挑战，确保进口适度是新粮食安全战略的重要内容（农业农村部农业贸易促进中心课题组，2016）。在开放视角下确保粮食适度进口，加大力度推进全球粮食供给体系建设和风险防控能力培养，推进进口市场多元化，是未来保障粮食安全的重点（李国景，等，2019；辛翔飞，等，2020）。

（二）适度进口必要性的官方采纳与执行

与学术界的争论相似，官方对粮食进口观点的采纳也经历了一个渐进的过程。

从新中国成立到中国共产党十一届三中全会召开，自给自足的思想在中国人的思维当中根深蒂固。另外，在当时“左”倾思想的主导和约束下，人们又片面理解了“自力更生为主”的建设方针。此外，在新中国成立初期，其他资本主义国家对我国实施“禁运”“封锁”的政策。在这种恶劣的国际环境下，我国的进出口贸易被限制在有限的空间之中。为了给工业化建设积累原材料，国家不仅要从农业中摄取剩余价值，而且要将大量粮食出口，从而获取大量外汇以及换取国外先进的设备和技术。可以说，从新中国成立初期到改革开放前，我国的粮食进口量都很低。

改革开放后，我国逐步融入国际市场，坚持“粮食自给为主，进出口调节为辅”的基本方针，通过一些贸易保护措施，如设置较高的进口关税门槛、复杂的非关税措施以及由国营贸易公司专营的方式等，使国外粮食及粮食制品进入国内市场时受到一定的限制，从而避免本土农业受到国外优势农业的冲击。这一时期我国粮食生产总量相对稳定，同时伴随着稻谷减产、玉米增产的结构性变动。这一情况使得我国的农产品进出口贸易尤其是粮食的出口贸易规模迅猛扩大，而进口规模则维持着相对稳定的局面。总而言之，我国进出口贸易在这一阶段出现了

"进出结合、余缺调剂"的现象。

正式加入世界贸易组织后，我国粮食进口量快速增长。多边贸易协定限制了现有的农业政策以及农业贸易政策，因此我国不得不在农产品关税、出口竞争、关税配额等方面，根据中国加入世界贸易组织法律文件的相关规定和承诺调整现有的政策。针对我国农产品供求格局变化和扩大农业对外开放的新形势，为了发展现代农业、保障国家粮食安全和主要农产品供给，2008 年，党的十七届三中全会提出要"统筹利用国际国内两个市场、两种资源"，即提高统筹利用国际国内两个市场、两种资源能力的新要求。孙宝民（2012）指出，随着改革开放的不断深入，粮食生产条件和国际贸易环境已经发生了较大变化，粮食进出口调节国内粮食供需的作用日趋明显。

在粮食进口量快速增长的同时，国际贸易对我国粮食市场的冲击也开始显现，出现了粮食生产量、进口量和库存量"三量齐增"的局面，非需进口问题比较严重。为应对粮食进口和安全形势发生的变化，必须对粮食安全战略进行调整。早在 2013 年年底的中央农村工作会议上，国家就确定了"以我为主、立足国内、确保产能、适度进口、科技支撑"战略，"适度进口"被首次提出。由于政策制定和实施的时滞性，2015 年，我国粮食进口量首次下降，这标志着适度进口战略开始取得成效，粮食贸易进入适度进口阶段。

二、国际市场利用与保障品种调减：保障关键产品自给率

在坚定适度进口必要的论断下，应该进口什么品种的粮食成为争论

的又一内容。最终的结果是，在 WTO 谈判中，稻谷、小麦和玉米作为必保品种写入协议。

（一）WTO 规则与我国粮食品种的差异化国际环境

在加入 WTO 的相关协议中，我国在农产品进口方面做出承诺。协议允许我国继续维持粮食（小麦、大米和玉米）、植物油、食糖、烟草、棉花和化肥等进口品的国营贸易体制。同时，我国承诺使用关税税率配额（Tariff-Rate Quotas，TRQs）取代原来“敏感”产品的计划配额。为了确保国营贸易体制不阻碍进口，协议中增加了一个配额分配的特别条款：将配额的一部分分配给非国营贸易单位，而且，每年要将国营贸易企业未使用的配额重新分配（李先德，等，2005）。

因此，加入 WTO 后，作为我国粮食组成的谷豆薯类面临着完全不同的国际竞争环境。谷类拥有关税配额制度，豆类拥有固定税率，而薯类属于小杂粮，处于完全放开的状态。其中，关税配额制适用于小麦、大米和玉米，在 2004 年之前，每年以不同比例增加配额。到目前为止，最终的关税配额是小麦一年 963. 6 万吨，大米一年 532 万吨（其中长粒米 266 万吨、中短粒米 266 万吨），玉米一年 720 万吨。如果进口没有超过承诺的配额，就实行 1% 的关税；如果配额用完，还需进口，则这三类粮食品种的配额外关税为 65% 。

大豆的进口没有数量限制，且关税很低。我国承诺，对大豆进口征收不超过 3% 的关税、13% 的增值税。而与大豆相关的产品中，豆粕的进出口管理与大豆类似，也采用低关税的无限量措施，其关税不高于

5%，增值税同样为13%（自1999年3月开始征收）。但是，豆油的进口却经历了由关税配额管理到固定关税的转变。根据中美和中加双边协议，我国在加入WTO后的第一年要提供170万吨的豆油进口配额，并在2005年以前增加到330万吨，关税水平降低到9%。根据加入WTO的协议，我国从2006年1月开始取消了食用油进口配额。尽管不再有数量限制，但植物油进口仍征收9%的关税。而且，在2019年商务部研究起草的《关于修改〈农产品进口关税配额管理暂行办法〉的决定（征求意见稿）》中，不仅将豆油等油脂类产品从进口关税配额管理名单中删除，而且对配额授权部门也进行了重新规定。对作为小杂粮的薯类，我国并没有特殊的贸易保护，使其几乎完全暴露于国际市场。

（二）WTO规则下保障国内粮食安全的尝试与努力

我国对国际市场的利用呈现逐渐市场化的趋势。1993年之前，国家计划委员会根据需要决定商品进口数量，然后将进口配额分配给各省。1993年实行代理制之后，国营贸易企业成为进口代理商。国家计划委员会每年对棉花、粮食和油料制定配额并实行数量限制，因此，在为适应WTO规则而调整边境保护政策之前，中国政府可根据战略需要调整进出口规则及数量，具有较强的行政干预能力。

加入WTO后，中国政府在国际贸易方面的抓手日趋规范化、市场化。同时，这也意味着政府在国际贸易方面的直接干预能力下降，对农业特别是粮食进行宏观调控的难度加大（钟甫宁，2003）。尤其是随着国内农业生产成本上升，粮食生产的比较优势下降，原定的贸易规则已不能将所有粮食品种挡在国门之外。

具体来说，2000—2019 年，我国的食物自给率整体呈下降趋势，但内部结构各有不同。一是稻谷、小麦和玉米在内的谷物自给率，以及蔬菜、水果和水产品的自给率一直保持在较高水平；二是油料的自给率由 2000 年的 81% 下降到 2019 年的 25.1%，大豆的自给率更是从 60.2% 快速下降到 17%。

针对以上情况，且在“自给率越高粮食越安全的迷误”的影响下（辛翔飞，等，2020），政府在力所能及的范围内做了两个工作：一是缩小“粮食自给率指标”中的“粮食”口径，将之集中于 WTO 规则下可控性较强的品类，即有关税配额的小麦、大米和玉米；二是充分利用国营贸易体制，争取以上品种配额在分配方面的主动性。

境外农业资源的利用模式主要有两类，除了前面提到的直接从国外进口农产品的贸易，还开展境外农业投资与合作（程国强，2013）。而后者已成为中国实施“走出去”战略的重要组成部分。自 2007 年中央一号文件首次提出“加快实施农业‘走出去’战略”以来，我国海外农业呈现出规模迅速扩大、地域不断扩展、投资方式日渐多元、产业链条逐渐拉长的特点（韩俊，2014；李治，等，2020）。

同时，我国农业“走出去”也面临着“谁出去、去哪里、怎么回”的问题。具体来说，国有企业实力强大，但容易引发东道国的抵触；民营企业竞争力较弱，难以挤占农业产前产后市场，多集中于高风险低利润的农业产业链低端；国外生产的农产品返回国内，同样面临着贸易规则的约束。

三、经营组织变革与发展路径选择：推进农业生产现代化①

除了利用国际市场，提升本国粮食生产竞争力也是保障国内粮食安全的重要手段。目前，规模经营被看作是提升粮食生产效率的主要路径，但在推进粮食规模经营发展的过程中，对这种路径也有很多争议。

（一）从家庭经营到规模经营的路径选择

如何利用有限资源生产出足够多的粮食，一直是一个难题。在人多地少的中国，对该难题的解决更显迫切（王济民，等，2018）。我国一直高度重视农业生产，也从未停止过对更有效的粮食经营制度的探索。本着提升农业竞争力、推动农业现代化的初衷，在先后经历了“个体小规模经营——集体大规模经营——个体小规模经营”的否定之否定后（吴振方，2019），农业规模经营的主导地位最终得以确立（张磊，罗光强，2018），推进农业规模经营也成为农业政策的主要目标（何秀荣，2016）。近年来，在农业、农村自身发展及政府推力的共同作用下，我国农业规模经营有了长足的发展（孙新华，2017；钟真，2018），多种形式的适度规模经营面积占承包耕地面积总数的比重超过30%（杜志雄，肖卫东，2019），家庭经营及在其基础上的适度规模经营已成为维系粮食安全不可或缺的两条路径（尚旭东，朱守银，2017）。

相比于小规模家庭经营，适度规模经营有更加经济、理性，更厌恶

①该部分主要来自作者2020年发表于西北农林科技大学学报（社会科学版）第6期上的《再议规模经营中的粮食安全问题：争议回应与政策启示》。

风险的经营主体（尚旭东，朱守银，2017；武舜臣，等，2019），以及以利润最大化为先、土地产出率渐弱甚至退出的目标函数（国务院发展研究中心土地课题组，1992）。近年来，数量日益增长的农业规模经营主体在我国粮食生产安全保障中的角色更为重要，却因“非粮化”的种植结构、不显著的规模经济及疲软的单产提高状况而备受争议。因此，在坚持家庭经营和适度规模经营两条路径维系粮食安全的原则下，有必要厘清规模经营路径中现存的争议，为更好地发挥适度规模经营的保粮之路提供启示。

（二）依托适度规模经营保障粮食安全的争议及回应

1. 争议一：规模经营与“非粮化”经营

规模经营于20世纪80年代中期推行开始，就与“非粮化”一词有着千丝万缕的联系。几乎在同一时间，统购被合同定购取代，在更低的粮食收购价及更开放的种植选择空间下，经济作物种植得到了恢复和发展，也带来了1978年后的第一次“非粮化”经营。此时，在诸多与“结构调整”及“规模经营”相关的研究中，越来越多的学者开始注意到规模经营中的“非粮化”经营现象（王列昭，等，1987）。

1999—2003年，在政策的频繁调整和粮食产量下降的背景下，学术界对“规模经营”与“非粮化”经营的关系有了第二次聚焦。国家统计局数据显示，2003年粮食播种面积占比仅为播种总面积的65.22%，是迄今为止我国粮食播种面积占比的历史最低值。此时，除与粮食安全相关的问题，种植结构和规模经营关系问题也再次得到关注（王志谦，1999；王兴运，2000）。

2008年之后，土地流转快速发展，粮食种植比重持续平稳增长。此时，以规模经营形成路径（流转、入股或托管）及主体特征（工商资本、家庭农场或合作社）为关键因素，考察其与“非粮化”关系再次成为学术界的研究焦点（武舜臣，等，2019）。

截至目前，解释两者关系的文献非常丰富，但这些文献多建立于同一个逻辑基础，即规模经营的诸多特征与“非粮化”经营的关系实际存在，或者说规模经营是“非粮化”经营趋势的关键因素。遗憾的是，被多数文献引为基础或分析对象的案例或样本，总存在各种各样的选择偏差（张宗毅，杜志雄，2015）。

以往多数研究认为，规模经营与“非粮化”经营的关系和“小块地无人种，大块地‘非粮化’”的矛盾有关。然而，由上文对规模经营与“非粮化”经营关系研究历程的梳理可知，规模经营与“非粮化”经营的关系可能更加复杂。对此，下文将遵从以下三点，对两者关系重新进行判断：

第一，粮食作物与经济作物的经营特征差异。相比于粮食作物，经济作物有盈利空间大、销售风险高、劳动力需求多等特点。正是因为作物间种植特征上的巨大差异，让不同作物间的最优经济规模也不尽相同（张宗毅，杜志雄，2015）。

第二，经营主体的理性程度和决策空间。一个理性的经营主体，会在对收益和风险进行权衡的基础上做出种植结构决策（钟甫宁，等，2016）。随着经营规模的扩大，经营主体的选择会有两个方面的变化：一是劳动力、土地等成本逐渐显性化（何宇鹏，武舜臣，2019），经营主体的经营目标越发趋利化（李文明，等，2015）；二是限于现有农地制度，经营主体的选择需考虑农地控制权配置及在该配置基础上相关主体的决策权（武舜臣，等，2019）。

第三，地理条件、乡土民俗、技术水平等影响因素。在一定的技术水平下，地理条件对农地经营的成本及收益有着至关重要的作用（吴振华，2011），不适合大型机械化的地区或盐碱地很难成为经营主体规模化种粮的选择。乡土民俗决定了农户对粮食作物的依赖程度，以及由此形成的差额地租（武舜臣，等，2019）。技术水平的进步则会打破原有的经营均衡局面，以经济作物为对象的机械化发展，缩小了粮食作物与经济作物的劳动力投入差距，也成为"非粮化"经营的又一动因。

结合以上三点，规模经营与"非粮化"经营并不存在直接联系，规模经营主体的最终选择，仍取决于有限能力下对最大化目标的追求。但是，规模经营主体确实比有种植惯性的农户更加经济、理性。随着技术进步和流通环节的不断完善，粮食作物在盈利上的劣势将更加突出，"小块地无人种，大块地'非粮化'"的困境将不可避免。

2. 争议二：规模经营与规模经济

规模经济并不能完全衡量经营主体的可持续性，国际竞争力、补贴差异等都是影响两者关系的重要因素。然而，从本质看，规模经济是经营主体存活的重要基础。因此，下文从规模经济角度对"粮食适度规模经营是否具有可持续性"做一定的分析和回应。

克服小规模农地弊端，扩大经营规模，获取规模经济效益是我国实行农地规模经营的逻辑起点（许庆，等，2011）。然而，规模经营未必一定产生规模经济。

规模经济是规模经营支持者的基本出发点（罗伊·普罗斯特曼，

等，1996），但是规模经营主体，尤其是由政府推动而形成的规模主体，却普遍存在生存难题（张磊，罗光强，2018）。如果农业不存在规模经济，扩大农户耕地规模已成为深化改革的突破口的结论便没有了足够的成立理由（陈健，1988）。因此，有必要就农业规模经济存在的可能性展开讨论。

规模报酬递增是产生规模经济的重要原因。假设农业劳动力过剩，小规模基础上以增加土地投入实现生产性扩张，必然会有一个规模报酬递增的过程。此时，扩大生产规模会使平均成本下降，从而产生经济效益或规模经济。然而，另一个可能是，随着农业劳动力非农化就业转移的加快，农业劳动力过剩等原本的生产基础完全瓦解，规模经营建立于新的劳动力、资本和土地组合之上，最终由农户层面的“内在经济”向跨农户的“外在经济”转变而决定（许庆，等，2011）。此时，随着经营规模的扩张，边际报酬递增的过程能否继续存在难以判断。与多数学者的观点不同，陈健（1988）从结果角度出发举了一个十分生动的反例：即便是以市场调节为主的国家，也始终未能出现大规模的农业生产厂商。从理论分析看，尽管农业领域的规模经济有其存在的可能性，但受限于其他条件，并不能完全确定。从这个角度看，以实践为基础的考察可能更有意义。

规模经济存在的可能性的实证检验可以生产成本及生产效率两个方面为基础（约翰·伊特韦尔，等，1996）。从既有文献看，关于农地经营规模对粮食生产成本影响的文献较少（许庆，等，2011），部分学者通过对微观调研数据或案例的研究得出土地经营规模的扩大有助于降低单位生产成本的结论，但是更多的讨论集中于生产效率的提升。与对成本层面的研究类似，对生产效率层面的研究大多数也得出支持规模经济存在的结论。而且，随着劳动力流动政策的放开以及农村土地制度的进一步改革，基于要素市场管制导致的高昂成本逐年下降，农地的规模经济特征愈加明显。其中，无论是得出经营面积与生产效率正相关（吕挺，等，2014；曹瑞芬，张安录，2015；孙艳，等，2019），还是生产效率随经营面积的扩大呈“倒 U”型趋势（贾琳，夏英，2017；冀县卿，等，2019）的结论，都在一定程度上支持了农地规模经济的存在。

基于前文的分析，能否直接得出我国农业规模经营具备规模经济的结论？一个常见的回答是，效率的提升并非因为规模变化，而是来自新要素的投入（西奥多·W. 舒尔茨，2013）。的确，相对于以家庭经营为主的小块土地经营，随着规模经营的扩大，新要素投入的可能性也大大增加。周晓时等（2018）的研究表明，过小的农业经营规模将无力承担和非农产业对等的教育投资回报，农地规模经营将有助于吸引更多新要素，规模经济特征也将愈发明显。

对于规模经济的产生条件，陈健指出，由于生产要素流动上的困难以及政府的频繁干预，规模经济的形成成本极其高昂，使得规模经济在农业生产领域的实现更加困难。因此，农地制度的障碍及潜在的交易成本问题成为解释该现象的核心。罗必良（2000）从交易费用和管理成本的角度出发，阐述了农业规模效应不显著的原因。考虑到无论何种成本，最终都会反映到规模经营主体的成本收益当中，这部分的讨论不再赘述。重要的是，与规模经济的形成更依赖农业的自然属性及市场属性不同，交易成本对规模经济的影响更依赖于制度与政策，因此，控制交易成本也是政府干预并保证规模经济实现的主要环节。

尽管规模经济可以降低单位成本，带来更多经济效益，但是，在开放环境下，实现规模经济并不意味着一定会盈利。近年来，随着政策的大力推进，补贴依赖型经营主体大量出现，形成了新的补贴食利群体。即使是该群体中的“精英”，也不能摆脱经营效率偏低以及离开补贴就亏损的局面（蔡荣，等，2019）。如果大规模的经营主体仍需在政府补贴下才有竞争力和盈利能力，那么，意在改变原本小农户经营模式的政策导向就会变得毫无意义。当然，成本下降、效率提升是一回事，增加单位产量是另一回事，这就涉及下面的讨论。

3. 争议三：规模经营与土地产出率

在我国，可耕地高度稀缺，粮食安全对耕地的依赖性高，土地产出率也常被看作农地规模经营效果的评价指标（石恂如，张俊仁，1987；国务院发展研究中心土地课题组，1992）。然而，根据王诚德（1989）对土地投入和土地产出的分析，土地产出率与规模经营间并无必然内在联系。国务院发展研究中心土地课题组（1992）也指出，从适度规模经营的农户角度来看，土地仅仅作为投入要素，提高土地产出率不再被看作生产目标。任治君（1995）进一步指出，规模经营与增产目标相悖，一旦实行规模经营，资本对劳动的替代可以降低成本、提高劳动生产率和农民收入，同时也会导致一定程度的粗放经营和土地生产率下降。因此，政府出于提高粮食产量的目的而单纯地大规模推行规模经营的政策并不可取。

规模经营与土地产出率的矛盾主要体现为规模经营主体利润最大化目标与土地产出率目标的不一致。该现象在规模经营中之所以更加突出，有两个方面的原因：第一，单产目标和收益目标的不相容，是规模经营与土地产出率存在矛盾的根源。在很多情况下，追求单产的提高可能会导致收益的下降。黄祖辉和陈欣欣（1998）、黄宗智（2017）都以复种指数为例，阐述过双季稻或三季稻种植只能提高单位面积产量，不能提高单位面积收益的事实。第二，规模经营越大的主体，越趋向于追求利润最大化。一般而言，经营规模越大，收入结构就越依赖于农业经营，经营主体的活动也更加理性（王嫚嫚，等，2017）。因此，在理性经营主体追求利润最大化的同时，土地产出率开始下降，单产和收益的差距将进一步拉大。

后来的规模经营研究不断得出粮食大规模经营未显现预想的较高单产，以及规模与土地产出率负向相关的结论。目前，小农场具有较高土地生产率的结论已得到国内多数研究者的支持（何秀荣，2016），规模经营主体的优势主要体现在节约了单位成本，但也存在单产方面基本持平甚至有所下降的事实（万广华，程恩江，1996；刘凤芹，2006；唐轲，等，2017；尚旭东，朱守银，2017）。

第三节

推进粮食安全保障的体制探索

在对经营体制、流通体制及贸易体制等多方面的综合改革后，我国逐渐构建起较为完善的粮食安全保障体系。新中国成立以来，粮食产量从1949年的2264亿斤增加到2020年的13389.8亿斤，实现了由长期供给不足向供需基本平衡的历史性转变；从流通看，随着市场化改革的推进，粮食市场调控机制更加完善，粮食加工、批发、零售等环节的市场化水平得到质的提升。

一、中国农业经营体制的发展脉络

新中国成立70多年来，农业经营体制先后经历了“农民所有，自主经营”的个体经营体制、“三级所有，队为基础”的集体经营体制、“家庭承包，统分结合”的双层经营体制，以及完善基本经营制度、构建新型农业经营体系等阶段（董志勇，李成明，2019）。同样是对新中国成立以来经营体制的划分，周振和孔祥智（2019）则将其分为新中国成立初期短暂的以土地农民私有为基础的家庭经营制、农业合作化运动催生的合作制、以人民公社为载体的集体经营制、改革开放后的双层经营体制以及21世纪以来双层经营体制的创新拓展五个发展阶段。

两种不同的划分方法都鲜明地展示了每个时代主要的农业经营特征，但是，并没有反映出该特征背后所隐藏的关键因素。土地制度是农村基本经济制度的核心内容，不仅影响生产力的发展，而且影响生产关系的变化。而农业生产经营方式，则是农地制度中区别于农地所有制形式的重要部分（许庆，等，2019）。董志勇、李成明（2019）认为，农业经营体制的发展与创新背后是土地产权分配方式的改变。结合以上结论，本节对农业经营体制和农业生产经营方式的分析也建立在农地制度的分析框架之内。

我国在农地制度方面的改革历程，总体呈现出土地所有制关系的确立与锁定，以及土地公有制基础上农业经营体制改革两个阶段。我国农业经营体制的探索，主要围绕如何在土地公有制基础上提升农业的生产效率展开。为了更全面地反映中国农业生产经营体制的发展脉络，下文将以土地所有制为基础，分阶段展开分析。

（一）土地私有制阶段

出于各方面的原因，我国出现过短暂的土地私有制时期。这一时期始于1947年10月10日《中国土地法大纲》的正式公布施行，结束于1956年6月《高级农业生产合作社示范章程》的正式提出。

《中国土地法大纲》明确规定："分配给人民的土地，由政府发给土地所有证，并承认其自由经营、买卖及在特定条件下出租的权利。"1950年6月，中央人民政府颁布的《中华人民共和国土地改革法》做出了“土地改革完成后，由人民政府发给土地所有证，并承认一切土地所有者自由经营、买卖及出租其土地的权利”的规定，以法律条文的形式确立了农民的土地所有制。土地改革实行的农民土地私有制，也在 1954 年颁布的《中华人民共和国宪法》中得到确认。

到 1953 年年底，除了中共中央决定暂不进行土地改革的若干少数民族地区外，全国大陆的土地改革已全部完成（杜润生，1996）。至此，占农村人口 90% 以上的贫农、中农占有全国 90% 以上的耕地，农民的土地所有制建立起来（高中华，2021）。

在人均耕地面积偏低的背景和“耕者有其田”的理念下，土地改革分散了农地所有权。有关数据显示，土地改革后地主家庭人均耕地面积为 2. 52 亩，富农人均耕地面积为 6. 38 亩，中农人均耕地面积为 3. 75 亩，贫农人均耕地面积为 2. 93 亩。显然，分配的农地面积决定了当时主要的农业生产经营方式，即农民个体分散经营。然而，这一局面很快便被打破，一方面，为了克服生产经营零散、生产工具匮乏、生产技术低下等不利因素，农民自主经营过程中的互助合作现象开始出现（杜润生，2002）；另一方面，由于农民农地经营能力的差异，外加天灾人祸、家庭变故等，农户间的农地买卖、出租现象普遍，出现了新的“中农化”趋势（史敬棠，1959）。

显然，新的“中农化”趋势不符合土地革命的预期效果。1953 年，中共中央通过的《关于农业生产互助合作的决议》指出，这种单干制度长久下去，就会使农民中的大多数人成为富农、高利贷主和商业资本家进行剥削和投机买卖的牺牲品，再次失掉自己的土地。在将生产资料公有制作为社会主义制度“必然选择”的引导下，我国选择了土地集体所有制的应对之路（赵泉民，2021）。为阻止土地兼并，我国以土地使用权转换为切入点，以农业生产互助组、初级农业生产合作社和高级农业生产合作社三种农业合作生产组织方式，渐进式地取消了农民的土地所有权（綦好东，1998）。因此，农民在土地改革中无偿获得的土地又在极短的时间里无偿交给了高级农业生产合作社，实现了实质意义上的农地集体化和国家化（赵泉民，2021）。

1956 年 6 月公布的《高级农业生产合作社示范章程》正式提出初级农业生产合作社完成向高级合作社的转变，农业主要生产资料由农民所有转向集体所有，生产队成为农业生产合作社的基本单位（董志勇，李成明，2019）。到 1956 年年底，按照当时的统计数据，已经有 87. 8%的农户加入了高级合作社，我国以惊人的速度完成了土地由私有制向集体所有制的转变。

土地私有制阶段随着 1956 年农业合作化运动的基本完成而结束，此后我国进入了土地公有制阶段。

（二）土地公有制阶段

土地公有制是指土地集体所有制。在确立土地集体所有制之后，接下来的问题就是土地集体所有制以何种形式实现。从时间的先后顺序看，我国在这个阶段的探索和实践大致经历了“公有公营”和“公有户营”两个阶段。

自 1956 年土地集体所有制建立以来，中国的农业生产经营经历了先集中后分散的过程，集中的结果是“公有公营”，而分散的结果是包产到户、“公有户营”。

1. “公有公营”时期

“公有公营”时期农业生产经营大致表现出“集体所有，统一经营”的制度框架。这一时期，生产合作社完成了高级合作社向人民公社的转变。具体来说，1956 年生产合作社进入高级合作社阶段后，高级合作社成为农村最基本的生产经营单位，后来又转变为规模更大的人民公社。

然而，人民公社的建立不仅未能解决高级合作社期间出现的监督问题，而且让这一问题更加严重。如何完善人民公社制度呢？结合一系列调查研究，1962 年中共中央制定的《农村人民公社工作条例（修正草案）》（简称《人民公社六十条》），明确提出了“三级所有，队为基础”的制度。其中，“三级所有”是在对集体所有基础上公有制形式的微调；“队为基础”则是对统一经营基础上产权格局和经营规模的微调（罗红云，2012）。相比于人民公社“一级所有，一级经营”，“三级所有，队为基础”的核算单位缩小，有利于人们对劳动量进行计算，并在一定程度上解决了人民公社中小队之间的平均主义问题。

然而，制度上的微调无法彻底解决小队内劳动者之间的平均主义问题，因此也就有了对经营权下放的又一次探索，出现了各种形式的包产到户。实施包产到户的地区，社员责任心大大增强，生产积极性大大提高，粮食产量提高。以家庭为单位的经营模式在 1982 年 1 月 1 日随着第一个关于农村工作的中央一号文件的正式出台而确立。

2. “公有户营”时期

家庭经营自古以来就是我国农民开展生产经营的一种方式。但与土地私有制下的家庭经营不同，在土地公有制基础上发展家庭经营，不但要做好农村意识形态工作，而且要以提高家庭经营积极性为目标调整农地集体产权结构（赵泉民，2021）。

在意识形态方面，我国引入并吸收了产权的概念，接受了“财产的所有权不一定决定只有所有者才可以经营使用财产”的理念，不再将“土地所有权归集体，但是土地由家庭来承包经营”看作对土地集体所有制的破坏。由此，以“两权分离”为特征的家庭联产承包责任制作为一项基本经济制度得到确立。家庭联产承包责任制的实质是将农地使用权归还给农民，让农民拥有了集体经济组织内部承包合同约定的“生产经营自主权”，明确了农民以户为单位的独立经营模式，即集体所有，农户自主经营，自负盈亏。

拆分的产权虽解决了意识形态问题，却仍面临不同主体产权分配结构上的不确定性（董志勇，李成明，2019）。家庭联产承包责任制的本质为“家庭承包，统分结合”的双重经营体制，这就涉及双重经营之间度的把握问题。例如，在家庭经营形式的探索中，曾出现过“包产到户”和“包干到户”两种形式。其中，“包产到户”虽将经营单位分散至家庭，但目标产量之外的粮食超产分成机制仍需集体统一核算、统一分配，激励效果一般。而“包干到户”则是“交够国家的，留足集体的，剩下的都是自己的”，农民家庭的剩余索取权更强，激励效果也更好。再如，1982 年中央一号文件要求，农民承包地不准买卖、出租、转让和荒废，否则集体有权将其收回。农户的承包经营权仍具有不确定性。

随着经济市场的深入发展，小规模家庭经营很快面临着因土地细碎化带来的生产效率偏低、农产品竞争力不强等问题（Binswanger et al.，1993），很多地方出现了土地经营权向种粮大户集中的现象。对此，1984 年中央一号文件提出“鼓励土地逐步向种田能手集中”，1987 年中央五号文件提出“农业可采取多种形式的适度规模经营”。然而，由于家庭联产承包责任制下承包经营权的产权结构尚不明晰，以及以土地流转为核心的农地规模经营相关制度并不健全，由此产生出以土地代营为代表的不改变土地承包关系的农地规模经营之路（田则林，等，1990）。

模糊的承包经营权产权结构不利于农业规模经营的实现。“三权分置”改革从产权结构方面为农地的流转利用奠定了制度基础，一方面赋予农户更大的承包经营权，另一方面对农户承包经营权的产权结构进行界定。虽在物权、债权等方面仍存在争议，但“三权分置”改革为大多数农业生产经营的实践创新提供了制度支撑。在“还权赋能”的背景下，无论是家庭经营还是规模经营，都是农业经营相关主体在当前农地产权框架内的理性选择。

结合前面两部分的阶段性梳理可以发现，我国农业经营模式的发展过程，实质上是政府土地相关政策的调整及经营控制权放开的过程，即在集体所有制基础上，政府在农地利用层面对农民“还权赋能”的结果。对农地产权的分解及不同主体产权的赋予和限定，形成了农户及其他经营主体选择农业生产经营方式的制度框架，而经营体制方面的重大改革则与每一次产权分配和限定调整紧密相关。

二、中国粮食流通体制的改革路径

商品流通是指社会劳动产品由生产领域向消费领域的流通过程（徐从才，2012）。而粮食流通则是指以粮食商品为流通主体，由粮食的收购、储存、运输、加工和销售等多个环节构成的生产向消费转移的过程（王元慧，等，2012）。

形成于计划经济时期的传统粮食流通体制具有高度的计划性和垄断

性。粮食流通体制改革就是在对传统粮食流通体制进行改革的基础上，建立起适应社会主义市场经济要求的，既能维护国家粮食安全又能促进粮食流通产业现代化发展的粮食流通新体制（曹宝明，等，2018）。

（一）统购统销框架下的制度微调

统购统销的基本内容包括计划收购政策、计划供应政策以及由国家严格控制粮食市场的政策和中央对粮食实行统一管理的政策。

当然，统购统销只是一种制度框架，从发展路径看，统购和统销的形成和发展存在一定的阶段性差异。其间，政府以对“统”程度的调整为手段，对统购统销制度进行过多次改革与调整。从调整对象看，一是“统”范围内的调整，包括收购量、派购范围及收购价格；二是“统”之外的调整，包括有条件地放开自由市场。不同时期的改革都是不同调整对象的排列组合。

1955 年，国务院通过了《农村粮食统购统销暂行办法》，以法令的形式规定在农村实施“定产、定购、定销”的“三定”办法，避免了征收过头粮的问题。同时，也带来了 1956 年至 1957 年有限开放自由市场政策的出台（吴建征，朱汉国，2015）。再如，从 1959 年开始，我国粮食产量大幅度下降，粮食分配越来越困难。为应对特殊局面，保障粮食供求，政府调整粮食价格，实行奖售、换购方法。尤其是在 1960 年以后，国家在提高粮食统购价格，对统购粮食实行加价奖励，以及用工业品奖售、工业品换购粮食等方面，采取了一系列有力措施。1962 年 9 月，中共中央在《关于粮食工作的决定》中规定，集体经济单位和农民在完成粮食征购任务以后，可以拿余粮上集市出售，但严禁私商参加粮食集市贸易。自此，关闭了多年的粮食集市贸易又重新开放（张培刚，廖丹清，2002）。

（二）统购统销政策的依次取消与粮食市场化

1985—1993 年，统购和统销政策被依次取消，这意味着粮食流通体制的重大突破。此后的粮食流通体制改革，则是为适应市场经济而进行的进一步调整与完善。

1. 倒逼统购政策取消的关键——不变的统销价与提高的统购价

从 1979 年开始，为解决长期以来的粮食生产徘徊问题，缩小工农业产品价格剪刀差，鼓励农民发展粮食生产，政府大幅度提高了粮食收购价格。1979 年，粮食统购价格从夏粮上市时起提高了 20%，超购部分在统购价格的基础上加价幅度由原来的 30% 调整为 50%，销价仍然不动。此时，新一轮的粮食价格倒挂现象开始出现，财政不堪重负，倒逼了政策改革和统购政策的取消。官方统计数据显示，价格补贴总额从 1978 年的 94 亿（占国家预算的 8.4%）增加到 1984 年的 370 亿（占国家预算的 24.6%），财政负担推动了粮食流通体制改革。

2. 统购政策配套调整滞后性的成因——粮食收购改革的徘徊反复

“统购”与“统销”相互关联，缺一不可。统购政策的取消，自然意味着统销政策如无源之水，难以长久。然而，1985 年统购政策取消之后，一直到 1993 年，统销政策才被取消，这与统购政策取消后政府在粮食收购环节时而收紧时而放开的政策调整有关。尤其是在此期间粮食收购一度出现了由合同定购到国家定购的转变，意味着政府在粮食收购方面作用的强化以及粮食统购功能的恢复。但无论如何，1993 年之后，名义上的粮食统购统销政策基本宣告结束。

（三）粮食流通体制市场化改革的推进

统购统销政策的取消是粮食流通体制改革的重大突破，但并不意味着粮食流通体制市场化改革就可以顺利推进。随着政策的持续推进，以市场化为趋向的粮食流通体制改革在实际执行过程中却出现价格形成机制的逆市场化现象，形成一个个粮食流通体制改革的循环周期。总体来说，粮食流通体制改革的基本路径是将有计划的粮食流通转变为市场化的粮食流通，将垄断型的粮食经营转变为竞争型的粮食经营。在具体落实中，改革也是在曲折中不断前进，粮食流通体制的市场化程度日渐加深。

三、我国粮食贸易体制的开放发展

改革开放以来，我国加强了和其他国家的联系，经济政策也有了相应的调整，其中包括对外贸易体制的变化。然而，从改革开放到加入WTO，贸易保护依然是我国保护国内农产品的重要手段。之后，为恢复在关税及贸易总协定缔约国地位和加入 WTO，我国按照 WTO 的有关要求，积极调整国内贸易政策，加快了贸易体制开放发展的步伐。鉴于申请入世对我国贸易规则的重要影响，本节从加入 WTO 前的基本做法和“入世”准备，以及“入世”后的贸易政策调整及存在的问题等方面展开论述。

（一）加入 WTO 前的基本做法和“入世”准备

从改革开放至加入 WTO 前，我国通过限量登记、配额等非关税措施来保护粮食、棉花、油料、食糖等重要农产品的进口；通过关税保护肉类、水果以及食品加工品等的进口。其中非关税配额占据了边境保护政策的绝大部分。

根据 WTO 规则，各国有权不受限制地采取绿箱政策①扶持农业，但必须按规定的时间和幅度削减造成贸易扭曲的黄箱政策②支出。在这样的大背景下，根据 WTO 调整的内容，中国贸易政策的调整集中在边境保护政策上。

1. 高度计划的粮食进出口贸易

在计划经济体制下，农业贸易政策由中央政府制定，由中国粮油食品进出口总公司实施。中央政府确定不同商品的进口数量，规定了中国粮油食品进出口总公司在国内市场上销售进口商品的价格。涉及粮食贸易进出口数量和组成的基本决策，都是在要进行贸易的公历年年初（非农历年）之前制定好，且订立的是全年的贸易合同。在决策过程中，决策者几乎没有关于贸易发生年收成的任何信息，且未设置随着信息的积累而对贸易决策进行修改的程序。因此，高度计划经济时期的粮食进出口并未很好地发挥稳定国内市场的作用。

1978 年以后，尤其是在 1990 年之后的几次重要改革中，我国对外贸易逐步发展，但在战略性农产品的进出口权改革方面推进较慢。

2. 关税

1992 年中国的农产品关税税率高达 51%，但在国营贸易体制下，

---

①WTO《农业协定》中的一类国内农业支持措施，是指政府通过服务计划，其费用由纳税人负担而不是从消费者中转移而来，没有或仅有最微小的贸易扭曲作用，对农产品影响很小的支持政策。

②WTO《农业协定》中的一类国内农业支持措施，主要是指那些容易引起农产品贸易扭曲的政策措施，属于 WTO 要求各国做削减和约束承诺的措施。

官方的关税税率并没有多大的意义（盖尔茨，2004）。在加入 WTO 谈判时，我国承诺“入世”后对所有农产品的关税实行上限约束，并且将算术平均关税税率由 2001 年的 21% 降低到 2004 年的 17%。其实，为尽快满足 WTO 的有关要求，中国大幅度降低农产品关税的行为发生在 2001 年之前。1992 年起中国大幅度降低农产品关税，到 1998 年，农产品平均关税税率已下降到 21.2%（程国强，2001）。

3. 非关税壁垒

2001 年之前，中国有着复杂的非关税措施，主要依靠进口许可证、进口配额及其他非关税措施调控农产品进口，保护国内农业。当然，加入 WTO 后诸多非关税壁垒都被禁用。

国内比较典型的非关税措施包括数量限制、许可证制度、动植物检疫措施和技术型贸易壁垒、出口退税和出口补贴。其中，出口补贴方面的做法比较突出。在 20 世纪 90 年代后期，成为 WTO 成员方之前，为了缓解国内大量供给剩余而导致价格下降的压力，我国对大米和玉米实行出口补贴。根据 Gale（2002b）的研究，1999 年我国每吨玉米的出口补贴为 368 元，2001 年为 378 元。为了实现加入 WTO 的承诺，2002 年我国取消了所有出口补贴。

在我国，大量粮食和棉花库存往往由国有贸易企业或其他国家附属、国家经营或控制的实体以相对较高的价格购买。同时，这些产品的出口价格或其他政府采购产品的出口价格往往低于在国内市场上向同类产品购买者收购的价格，类似于出口补贴。在贸易体制改革后，国内也出现了直接意义上的出口补贴。20 世纪 90 年代中后期，为缓解国内供给剩余导致的价格下降压力，中国对大米和玉米实行出口补贴。

由于非关税壁垒具有很大的隐蔽性，各国往往通过它来达到贸易保护的目的。而世贸组织《农产品协议》为了最大限度地实现贸易政策透明度，对非关税壁垒进行了约束。在中国，非关税壁垒是保障国内农业生产的重要手段。为符合世贸组织规则，这方面改革的内容也最多。我国承诺“入世”后取消对外贸易的计划管理，改为实施关税配额制度，并且逐步提高分配给非国有贸易企业的配额比例。对过去实行外贸计划管理的重要农产品，我国在“入世”后继续保留国有贸易制度，但采取关税配额制度进行管理。我国在1992年就已经开始逐渐降低对国际贸易数量的控制水平，仅1993年至1994年，便取消了近500种非关税措施（樊丽明，商华，2001），其中，包括取消一些产品的许可证规定，取消出口补贴，废除一些配额，并把其他一些配额转变为关税配额等。

自20世纪90年代初以来，我国一直致力于建立一套农产品质量认证体系，包括“无公害食品”“绿色食品”和“有机食品”认证。国家鼓励企业采用危害分析和关键控制点（Hazard Analysis and Critical Control Point，HACCP）体系来控制质量。直接消费的食品要接受强制性认证和检测。我国承诺，将取消所有缺乏科学依据的动植物卫生措施，并建立符合国际规范的进口产品检验制度。

1985年中国实行出口退税制。1994年开始对出口商品实行增值税退税制度。增值税退税制度作为影响出口数量的手段之一，国家经常根据政策目标调整退税率和退税商品品目。当国内供给充足时，政府常常调高增值税退税率以鼓励出口，反之，则调低税率或取消退税。

（二）加入WTO后国内贸易政策调整的继续及出现的问题

加入WTO后，我国严格按照承诺履行责任，一直根据《中国加入世界贸易组织议定书》中的时间表降低关税。在这个时间表中，2004年之前大部分的关税都要达到《中国加入世界贸易组织议定书》中约定的最终约束税率。约6%的中国农产品关税将在2005—2010年逐渐减至最终约束税率。当然，也有部分领域的改革不尽人意。

1. 关税方面的微调

我国对农产品的平均关税保护水平呈下降趋势。“入世”以来，我国农产品平均税率由23.2%降至15.2%，约为世界农产品平均关税水平的25%，远低于WTO成员方中发展中国家56%和发达国家39%的平均关税水平。从1996年引入关税配额后，一些商品的配额外进口将采用高关税税率。目前来看，进口小麦、玉米和大米的配额外关税税率最高达65%。然而，值得注意的是，配额内关税水平远低于此，甚至比最惠国税率还低很多。

2. 继续减少非关税壁垒

关税配额的实施、配额的管理机制是我国加入WTO谈判的重要议题。谈判最终达成协议，我国可以对小麦、大米、玉米、棉花、食糖和羊毛等10种农产品实行关税配额。跟WTO规则下的其他国家的关税配额制不一样，我国的关税配额制包括给国营贸易企业和非国营贸易企业分配进口配额的标准。配额的分配和再分配由国家发展和改革委员会（以下简称“发改委”）和商务部负责。发改委负责管理粮食和棉花的关税配额，商务部负责管理植物油和食糖的关税配额。

2004年，国营贸易企业持有小麦配额的90%，玉米配额的60%，大米配额的50%，食糖配额的70%，棉花配额的33%和植物油配额的18%。在加入WTO的过渡期，我国的配额会有所增加。上文列出的所有商品中，除植物油外，2004年所定关税配额将长期有效（重新谈判的除外）。我国承诺2006年年初开始取消植物油的关税，代之以“单一关税制”。2019年11月30日公布的《商务部关于废止和修改部分规章的决定》（商务部令2019年第1号），对《农产品进口关税配额管理暂行办法》进行修订，明确实行关税配额管理的农产品有7类：玉米、小麦、大米、食糖、羊毛、棉花、毛条。我国的农产品进口关税配额使政府可以控制进入国内市场的这些特定产品的数量。

表2-2 中国部分农产品关税配额及使用率

年份	玉米		小麦		大米		食糖		羊毛		棉花	
	配额（吨）	配额使用率（%）	配额（吨）	配额使用率（%）	配额（吨）	配额使用率（%）	配额（吨）	配额使用率（%）	配额（吨）	配额使用率（%）	配额（吨）	配额使用率（%）
2002	8468000	7.46	3990000	5.94	1764000	67.06	264500	72.21	818500	21.62	5850000	0.17
2003	9052000	4.97	4655000	5.59	1852000	42.12	275750	61.65	856250	101.61	6525000	0.08
2004	9636000	75.34	5320000	14.47	1945000	62.21	287000	76.66	894000	100.84	7200000	0.07
2005	9636000	36.74	5320000	9.77	1945000	71.47	287000	87.11	894000	287.47	7200000	0.07
2006	9636000	6.33	5320000	13.70	1945000	70.44	287000	97.56	894000	100.00	7200000	0.97
2007	9636000	1.04	5320000	9.15	1945000	61.34	287000	100	894000	130.31	7200000	0.49
2008	9636000	0.45	5320000	6.20	1945000	40.10	287000	99.30	894000	236.13	7200000	0.69
2009	9636000	9.38	5320000	6.71	1945000	54.70	287000	100	894000	100	7200000	1.17
2010	9636000	12.78	5320000	7.29	1945000	90.80	287000	100	894000	100	7200000	21.85
2011	9636000	13.06	5320000	11.24	1945000	100	287000	100	894000	100	7200000	24.36
2012	9636000	38.41	5320000	44.53	1945000	100	287000	100	894000	100	7200000	72.33
2013	9636000	57.40	5320000	42.70	1945000	100	287000	100	894000	100	7200000	45.36
2014	9636000	31.20	5320000	48.50	1945000	100	287000	100	894000	100	7200000	36.10
2015	9636000	31.20	5320000	63.50	1945000	100	287000	100	894000	100	7200000	65.70
2016	9636000	35.40	5320000	67	1945000	100	287000	100	894000	100	7200000	44.00
2017	9636000	45.90	5320000	75.70	1945000	100	287000	100	894000	100	7200000	39.30
2018	9636000	32.20	5320000	57.80	1945000	100	287000	100	894000	100	7200000	39.30
2019	9636000	36.20	5320000	57.80	1945000	100	287000	95.9	894000	100	7200000	66.60
2020	9636000	84.60	5320000	54.70	1945000	100	287000	77	894000	100	7200000	100.00

数据来源：根据WTO通报的相关数据，作者整理得到。

我国加入WTO，意味着要受WTO规则中SPS协议[①]和TBT协议[②]的制约。WTO规则要求，成员国必须通报其使用的SPS协议和TBT协议。2004年4月，我国仔细研究了WTO的技术性贸易壁垒措施之后，着手修订21000条国家技术标准。我国仔细考虑了每一条标准，确认其实行适用性以及是否符合国际标准，将那些不符合国际标准的予以废除，并且发布了多项符合WTO规则的新SPS标准。

加入WTO后，我国继续在WTO规则下实行增值税出口退税制。显然，增值税出口退税制对出口有着潜在的影响，使出口产品在国际市场更有竞争力。我国的出口退税率经常变化，因此，难以确定其支持程度到底有多高。2019年，我国在改革增值税的同时，对出口退税率也做了相应调整。原适用16%税率且出口退税率为16%的出口货物劳务，出口退税率调整为13%；原适用10%税率且出口退税率为10%的出口货物、跨境应税行为，出口退税率调整为9%。除上述调整外，其他出口退税率保持不变。

3. 贸易政策调整与面临的问题

2015年以来，以玉米为代表的粮食市场出现了“三量齐增”现象，其中的“一增”就是进口增加。在国内外粮价倒挂问题突出的情况下，我国的配额利用率仍然偏低。

---

①SPS协议全称为《实施动植物卫生检疫措施的协议》，是世界贸易组织管辖的一项多边贸易协议。

②TBT协议是《技术性贸易壁垒协议》的简称，同为世界贸易组织管辖的一项多边贸易协议。

2020年，我国玉米采购规模首次超过世界贸易组织设定的年度玉米进口配额。2020年11月23日，海关总署公布的2020年前10个月粮食进出口数据显示，2020年1—10月我国粮食进口总量为11514万吨，其中，1—10月玉米进口累计782万吨，已超过720万吨的进口关税配额。然而，超配额的进口数量也意味着配额制度已不足以保护国内的玉米产业。因此，如何在WTO框架下更好地保障国内粮食安全是我国未来面临的重要问题。

第三章

粮食流通体制改革背后的理论困境

粮食流通体制亟待改革，但改革的反复性不仅未能完全破解粮食流通领域原有的难题，而且产生了一些新问题。这无疑让粮食流通环节的未来发展路径变得更加复杂。为何市场化改革会在粮食流通领域循环往复？这其中的根源是什么？回答以上问题对推进粮食流通体制改革，实现粮食全产业链协调畅通具有重要意义。

本章将阐述如下逻辑：学术界对市场化保障粮食安全路径持怀疑态度，以市场化保障粮食安全的声音虽会阶段性出现，但少有学者能矢志不渝地保持对市场化手段的信任。对大多数学者而言，市场化只是粮食相对过剩时期的被动选择。实践中，市场化改革的发生多来自粮食相对过剩时财政包袱的倒逼机制，过大的财政负担推进了市场化改革的事实发生。在政府对生产和消费环节过度重视的情形下，粮食流通环节成为改革的排头兵。同时，由于粮食系统是一个整体，流通环节的改革多会传导至上游的生产环节和下游的消费环节。在政府对上下游过度敏感且不完全信任市场的前提下，流通体制改革循环往复就不足为奇了。

第一节

学术界对市场化保障粮食安全路径质疑的辨析①

可否利用市场化手段保障粮食安全，一直是一个备受争议的话题。多数学者认为，在人多地少的国情下，只有依托政府调控才能实现国内粮食安全保障，这一论断也多次得到改革经验的支撑。然而，事实果真如此吗？

一、市场化改革与粮食供求关系的研究回顾

1978 年以来，粮食流通体制改革已确定了市场化的大方向，但改革中仍有反复，政策摇摆不定。卢锋将这种改革循环归纳为“松时放，

①原文名为《市场化改革与粮食安全保障（1949—2019）：冲突抑或一致?》，发表在《粮食经济研究》2019 年第 2 期，此次出版有少许改动和更新。

紧时收"[①]。赵德余则将之概括为"放、活、乱、紧"[②]。若这种循环成立，改革的"松时放，紧时收"就意味着粮食供求的"放时紧，收时松"，隐含着的市场化改革必然会导致粮食供求关系紧张，进而引发粮食安全问题。

市场化改革与粮食安全的关系究竟如何？尽管当前以粮食流通体制改革为核心的文献研究已经非常丰富，但以粮食改革"反复性"特征为重心的研究尚显不足。虽然多数学者在粮食流通体制改革的回顾中会涉及改革的"反复性"，但对这类改革"反复性"的成因却少有提及。对这类文献，杜鹰[③]给出了简明扼要的评价，指出"把粮食流通体制改革期间存在的周折和反复作为经验加以总结是有好处的，但总结不能止于对现象的描述，更重要的是要剖析其背后的原因和机理"。

虽然对原因和机理的剖析比对现实的归纳更有意义，但相关解释还是要基于改革的实践基础。相关文献涉及两个层面的内容：第一，结合购销制度改革历史，判断"反复性"规律的存在；第二，以粮食购销制度变迁的客观规律为基础，分析其背后的原因和机理，即从实践角度阐述此类文献中解释"反复性"的碎片，并将之重新整合。通过归纳可知，目前学者对"反复性"大致通过观念的局限、体制的制约及政府行为等几个角度来解释。其中，卢锋的解释较为系统。他认为，相比

---

①"松时放，紧时收"指的是在粮食相对过剩时期进行市场化改革，在粮食相对紧缺时期向旧体制复归的现象。当然，根据历史规律可知，其中存在两个例外：第一个是1998年粮改初期，在粮食供给偏松时采取了以"收"为方向的改革，但当时的改革很快因各种困难而转向更为开放的市场化；第二个是徐振宇（2016）提及的粮食"十二连增"期间的逆市场化，但2013年的目标价格改革及后来的一系列改革显然支持了"松时放"的论断。

②赵德余．粮食市场调控的多重政治目标及其政策工具的选择：建国初期的经验［J］．中国市场，2010（33）：83－89.

③杜鹰．对卢锋《"松时放，紧时收"——我国粮棉流通改革周期性反复现象研究（1985—2000年）》的简要评论［J］．中国制度变迁的案例研究，2002：343－346.

于其他因素，决策层对市场机制认识上的偏差是导致购销制度改革反复的根本原因，而这种认知局限包含以下两层含义：

第一，对市场机制能够正常运行的不信任。改革开放以来，市场化一直在渐进式改革中推进。渐进式改革虽然保证了改革的平稳性，但也产生了一些阻碍市场机制功能发挥的新问题。因此，市场化改革后市场机制的引入确实存在短期内冲击粮食市场的可能。此外，考虑到粮食商品的弱质性和外部性等，市场机制在粮食市场中有失灵的可能。

第二，对市场机制能够实现粮食安全保障功能的不信任。市场机制不能保障粮食生产稳定增长，这就与粮食稳定增长才能保障粮食安全的传统观念相违背。政府对粮食安全保障方面的政策取向，长期过度强调产量，其主基调一直都是“大力发展生产”或“保障生产能力”。

基于以上两点，如果粮食市场化改革兼具“放时紧，收时松”的特征，必然会加深政策设计者对市场的不信任，进而反映到政策制定上，表现为加大粮食流通市场化改革的推进难度。当前，国内粮食市场再次处于粮食供求的偏松阶段，粮食收储市场化改革也重新提上日程。然而，这类偏“放”的改革方向是否会导致下一轮的粮食供求紧张，进而重复改革回调的过往？该问题的答案将直接关系到当前粮食收储制度市场化改革的决心和动力。

二、市场化改革与粮食供求关系的历史印证

回顾粮食购销体制演变历程，1985 年以后，粮食供求的“放时紧，收时松”规律确实存在于大多数改革阶段。然而，如果将考察的起始时间提前至新中国成立，就会出现诸多“例外”，即市场机制的引入反而提升了农户的生产积极性，进而提高了粮食供给量，在一定程度上解决了粮食安全问题。这类“例外”的意义不仅在于对既有“规律”局

限性的揭示，而且为当前的粮食收储制度市场化改革提供了一种思路：在特定条件下，市场化改革不但不会带来粮食供求关系的紧张，反而可以作为破解粮食安全问题的路径。

基于该思考，本节重新回顾了新中国成立以来粮食购销体制的演变历程，针对诸多引入市场机制的特定时期，以市场机制对粮食供求的差异化影响为依据，将诸多阶段归类成市场机制缓解粮食供求关系紧张和市场机制加剧粮食供求关系紧张两个时期。

（一）市场机制缓解粮食供求关系紧张时期

统购统销政策实施于计划经济时期，这一时期市场机制的作用受到很大限制。然而，就在该时期，为应对粮食供求关系紧张，决策层两次引入市场机制，并取得了较好的政策效果，基本实现了政策预期。这两次市场机制引入给当前改革的启示是市场机制可以作为缓解粮食供求关系紧张的工具。

1. 在统购统销政策巩固和强化时期的市场化探索阶段①。决策层利用市场化手段推进粮食生产的第一次尝试大约发生于1961年之后。当时，面对大幅度下降的粮食产量，以及极度突出的产需矛盾和供求矛盾，中央政府在提高粮食政策性收购价格的同时，引入市场机制来激发粮食生产动力。1962年9月，《中共中央关于粮食工作的决定》对农村集市贸易和粮食议价经营做了具体规定：集体经济单位和农民在完成粮食征购任务后，可以拿余粮在集市贸易，但严禁私商参加粮食集市贸易；供销社可以根据集市贸易情况适当收购，也可以直接到生产队收购一部分余粮。至此，农村市场重新获准开放。就当时而言，市场机制的

①本节阶段划分依据张培刚和廖丹清（2002）对粮食统购统销实施阶段的划分，粮食统购统销政策的巩固和强化阶段为1958—1965年，统购统销政策的松动阶段为1978—1984年。

作用随着粮食议价经营的出现和发展壮大而产生[1]。1963—1965 年，全国共议购粮食 113 亿斤。同期，粮食产量从 15441 万吨上升至 19452.5 万吨。这是市场化改革的第一次增产实践。粮食产量的增加在一定程度上与市场机制引入后农民生产积极性的提高有关。

2. 在统购统销政策松动时期的市场化初试阶段，市场化改革的第二次增产实践发生在 1978—1984 年。相比于第一阶段，该阶段的改革更被学术界熟知，相关的研究也更加丰富。面对 1978—1984 年的粮食增产，多数学者从家庭联产承包责任制的实施及粮食收购价格的提高两个角度给出解释。但是，市场机制的作用也不容小觑。因为，如果没有市场机制的存在，即便农户生产了更多农产品，也无法通过市场交换实现其价值，农户的生产积极性就不会提高。

在该阶段，自由贸易被允许，甚至准许在城市里开设自由市场，部分城市消费主体也被允许参与粮食市场活动。在应用市场机制的政策设计方面，主要有以下四点：第一，恢复粮食集市贸易，开展粮食议购议销。1979 年以后，粮食的集市贸易和议价经营得到恢复。一方面，农贸市场发展迅猛，1984 年年底，全国农贸市场已发展到 5.65 万个，其中农村有 5 万个；另一方面，粮食部门的议购议销业务同样迅速恢复和发展，全国有 20 多个省、自治区、直辖市先后建立了粮食议购议销专业公司。第二，中央对省（区、市）实行购销调拨包干办法，计划外缺粮主要通过市场调剂解决。第三，在发挥国营粮食商业主渠道作用的同时，实行多渠道经营。第四，逐步减少统购统销的品种和数量，扩大市场调节的范围。本次粮食改革使得粮食产量由 1978 年的 3.05 亿吨增加到 1984 年的 4.07 亿吨，在 1984 年甚至出现了新中国成立以来的第

①议购粮是政府为掌握粮源以高于定购价但低于市场价的价格收购的部分粮食，内含市场机制的成分，能在一定程度上代替市场机制发挥作用。

一次粮食相对过剩的局面。

以上两个阶段是在粮食供求关系紧张时，政府在保持政策干预的同时，适当引入市场机制。此时的市场机制，为提高农民生产积极性，增加粮食产量发挥了重要作用。

（二）市场机制诱发粮食供求关系紧张时期

开始于1978年年底的改革和连续几年的粮食增产，使新的问题出现了。面对1984年年末的“卖粮难”和政府负担问题，新的改革不得不在1985年提上日程（于晓华，2018）。本次改革同样以市场化为导向。1985年以后，国家对粮食价格形成机制进行了试探性改革，除直接影响部分粮食价格外，还允许非政府力量影响部分粮食价格（李国祥，2016）。1985年1月1日，中共中央、国务院在《关于进一步活跃农村经济的十项政策》中提出：“粮食、棉花取消统购，改为合同定购。”此时，强制性的粮食统购被市场化的合同定购代替，非国有渠道粮食经营活动也得到鼓励（赵德余，2011）。而且，1985年实施的政策也被称为“稳一块，活一块”，合同定购任务内的是“稳”的一块，合同定购外、向市场销售的部分是“活”的一块。“稳一块，活一块”的目的是逐步缩小“稳”的部分，扩大“活”的部分，最后达到基本由市场来形成粮食价格并形成多样化的流通主体和流通渠道的体制。然而，1985年的改革结果也显而易见，粮食产量在当年就出现滑坡，甚至在之后出现了粮食产量的“六年徘徊”。

第二次市场化改革下的粮食供求关系紧张发生在1993年。1992年，党的十四大明确提出建立社会主义市场经济体制的改革目标。1993年2月，国务院发布《关于加快粮食流通体制改革的通知》，提出粮食宏观调控只限于干预粮食收购市场，主要思路是继续保留粮食定购数量，只有当粮食价格过低和过高时才会发挥政府对价格的调控能力，即实行粮食最低收购保护价和销售最高限价。同时对配套措施也进行了改革，将多年来为了激励农民完成粮食定购任务而实施的化肥、柴油奖售由实物改为平议差价补贴。从根本上说，本次改革后粮食供求关系并未变得紧张。但受宏观经济过热的影响，在粮食供求基本平衡的背景下出现了粮食价格的大幅度上涨。1994 年上半年，国家将 1993 年宣布的很多改革措施彻底取消，粮食政策回归价格双轨制，价格控制和地区性消费者价格补贴再次出现，本次市场化改革在萌芽中就被扼杀了。

第三次市场化改革下的供求关系紧张发生在 1998 年粮食改革期间。2001 年之前，粮食购销体制改革整体上朝着逆市场化方向发展，其间，“三项政策，一项改革”的提出，在一定程度上意味着市场的关闭（邓大才，2003）。伴随着政策目标的逐渐落空，2001 年下半年，国务院发布的《关于进一步深化粮食流通体制改革的意见》指出：“改革的目标是在国家宏观调控下，充分发挥市场机制对粮食购销和价格形成的作用，完善粮食价格形成机制，稳定粮食生产能力，建立完善的国家粮食储备体系和粮食市场体系，逐步建立适应社会主义市场经济发展要求的粮食流通体制。”2002 年 1 月 6 日，中央农村工作会议提出，2002 年粮食流通体制改革的重点工作为“逐步建立统一、开放、竞争、有序的粮食市场”。2003 年 1 月 7 日，在中央农村工作会议上，“培育粮食市场，探索市场化改革”的政策目标被正式提出。2001 年以来，改革试点在推进的同时，粮食产量也在下降。从 1999 年开始，粮食产量从 1998 年的 10246 亿斤下降到 2003 年的 8614 亿斤，连续 5 年减产，共计减少 1600 多亿斤[①]。

---

①当然，该阶段的粮食减产一定程度上与当时粮食结构政策的调整有关。1998 年，退耕还林工程启动，经过 1999—2001 年试点，2002 年全面启动。据国家林业局退耕办统计，截至 2005 年，共完成退耕地造林 899.7 万公顷，荒山荒地造林 1394.6 万公顷。退耕还林工程的推进与粮食减产有直接关系。

第四次市场化改革发生在最近一次粮食政策调整期间，突出表现为市场化政策调整对大豆和玉米品种产量的影响。自 2014 年起，政府开始调整原有的收储政策体系。2014 年中央一号文件提出，“坚持市场定价原则，探索推进农产品价格形成机制与政府补贴脱钩的改革，逐步建立农产品目标价格制度”，并在前期对东北地区和内蒙古地区的大豆进行目标价格补贴试点。2015 年 9 月，政府首次下调玉米临时收储价格；11 月 2 日农业部发布《关于“镰刀弯”地区玉米结构调整的指导意见》，提出 2020 年“镰刀弯”地区玉米种植面积要减少 5000 万亩以上。2016 年 3 月 28 日宣布，从当年起将东北地区玉米临时收储政策调整为“市场化收购”加“补贴”新机制。

从 2014 年开始，为克服价格扭曲和减轻财政负担，原有的托市收购政策开始松动，粮食政策再次朝着市场化的方向迈进。而且，与以往数次的市场化改革不同，本次改革更为谨慎，采取分品种施策、渐进式推进的办法。2014 年，目标价格政策替代了东北地区和内蒙古地区大豆原有的临时收储政策；2016 年，国家取消了临时收储政策，实行市场定价、价外补贴、多元收购的新体制机制。

从产量变动看，目标价格实施后，大豆种植面积下降明显，这虽然在一定程度上与政策交替衔接不通畅有关，但市场化改革产生的冲击作用不容忽视（武舜臣，等，2017）。临时收储制度的取消，在缓解了市场扭曲的同时，也给玉米生产端带来冲击。相关统计数字显示，2016 年玉米播种面积为 3676 万公顷，比 2015 年减少 136 万公顷。相应地，产量也由 2015 年的 22463 万吨下降到 2016 年的 21955 万吨。2018 年玉米播种面积比 2015 年减少 283. 8 公顷，同时产量下降 766. 2 万吨。玉米播种面积和产量的下降虽然在一定程度上与政府主动调整粮食结构有关，但价补分离后急剧下降的玉米价格无疑降低了农户种植玉米的积极性。

（三）市场机制差异化影响粮食供求关系的比较分析

根据前面的分析可知，1949 年以来，粮食流通体制的市场化改革从未停滞，但改革中也存在明显的反复性问题。表 3-1 归纳了市场化改革缓解粮食供求关系紧张的两个时期及其诱发粮食供求关系紧张的四个时期。

表 3-1　市场化改革中的粮食供求关系表现归类

阶段	时期	粮食产量与供求	主要原因	与市场化改革关系
市场机制缓解粮食供求关系紧张时期	1963—1965 年	全国共议购粮食 113 亿斤。同期，粮食产量从 15441 万吨上升至 19452.5 万吨	统购价的提升；农村集市贸易的放开；议购价的出现	有关
	1978—1984 年	粮食产量由 1978 年的 3.05 亿吨增加到 1984 年的 4.07 亿吨	统购价的提升；粮食集市贸易的恢复；议购议销的恢复；统购统销的品种和数量的减少	有关
市场机制诱发粮食供求关系紧张时期	1985—1989 年	1985 年，粮食产量出现滑坡，甚至在之后出现了粮食产量的“六年徘徊”	价格支持力度降低；政府收购数量下降	有关
	1993—1994 年	粮食价格的大幅度上涨	宏观经济过热	无关
	2001—2003 年	粮食产量从 1998 年当时历史最高水平的 10246 亿斤下降到 2003 年的 8614 亿斤，减产 1600 多亿斤	保护价取消；种植结构调整	有关
	2015—2018 年	2018 年玉米播种面积比 2015 年减少 283.8 万公顷，同期产量下降 766.2 万吨	临时收储政策取消；种植结构调整	有关

由表3－1可知，为应对复杂的粮食供求形势，政府多次以市场化手段调整粮食流通政策，且市场化手段在不同时期对粮食供求关系的影响存在差异。另外，从表3－1中还能得到以下信息：第一，市场化改革的手段并不唯一，且多数伴随着其他政策，粮食市场的变动是受不同政策共同影响后的结果。除粮食流通领域的放开市场（计划经济时期）、提高价格等政策外，后期还伴随着调整种植结构的政策诉求。因此，并非每次粮食供求关系紧张都与市场化改革有关（如1993年粮改）。第二，从阶段归类看，市场化推动粮食增产的时期发生于统购统销的政策背景下，而随着粮食流通市场化程度的加深，后期的市场化改革反而呈现出诱发粮食供求关系紧张的特征。

避开外因或政府因对粮食安全过于敏感而反应过度不谈，市场化改革确实不具备保证粮食生产稳定增长的功能（卢锋，1997）。而这一特征，正是粮食安全背景下决策层不信任市场的根源所在（徐振宇，等，2016）。

三、论断与启示

本节通过梳理购销制度改革历程，阐述了市场机制差异化影响粮食安全的原因与机理。通过分析可知，想要利用市场机制保障粮食安全，至少需要满足两个条件：第一，粮食生产跟农户利润最大化目标相一致；第二，粮食市场及相关市场机制和基本条件要完备。当前正处于新一轮粮食收储制度市场化改革阶段，本轮粮食收储制度市场化改革总体运行良好，但粮食安全与市场化改革的内在矛盾依然存在，粮食市场化改革仍有循环反复的潜在可能。因此，亟须从以往改革历程中汲取经验，完善本轮粮食收储制度市场化改革机制，打破粮食政策改革的不良循环，构建粮食收储制度市场化改革的长效机制。

（一）当前市场化改革的背景判断

市场化改革保障粮食安全需要有一定的现实基础。结合已有结论，此处对当前的改革背景概括如下：

一方面，种粮收入在农户收入中的比重已明显降低①。此时，市场机制的引入和农户生产要素“非粮化”转移存在一致性，因此，市场化改革使粮食产量波动的基础仍然存在。以当前玉米收储制度改革为例，多数学者肯定了市场化改革在种植结构调整、激励多元购销主体入市、激活玉米加工企业、提高国产玉米竞争力等方面的成效，同时对农户玉米经营收入与种植积极性的下降表示担忧（李国祥，2016；顾莉丽，等，2017）。当然，新型农业经营主体的快速发展，尤其是以种粮为主要收入来源的新型粮食经营主体的出现，使得市场化改革与粮食生产一致性的可能大大增加。

另一方面，粮食购销相关市场机制仍不够成熟。改革开放以来的渐进式改革存在很强的条块分割特征，导致了相关市场机制匹配上的脱节与断层（范必，2014）。从产业链上下游市场看，在要素市场中，土地、劳动力要素已经超出了粮食生产配置的范围，土地制度及非农劳动力成本间接抬高了种粮成本，粮食生产弱质性突出。在粮食流通市场中，市场化粮食收购主体资金问题依然严重，粮食加工业中国有企业混合所有制改革正在进行。在消费市场中，粮食品牌效应不强，食品安全问题突出。国际市场方面，国内外粮食成本差异明显，配额内税率已不

①2013—2015 年，农村居民人均收入中经营性收入占可支配收入的比重分别为 41.73%、40.40%、39.43%。该指标能在一定程度上反映出种粮收入在总收入中的地位。

能保证三大主粮品种的相对竞争力。期货市场虽然发挥了价格发现和风险对冲功能，但仍没能解决原有问题。

（二）进一步推动粮食购销市场化改革的政策建议

当前，大豆和玉米的改革已经告一段落，稻谷和小麦已成为粮食改革的核心。在粮食安全战略下，结合上面的分析及改革背景，本节针对稻谷、小麦品种的改革提出如下政策建议：

1. 实现市场化改革保障粮食安全，需调整两个方面

一方面，缩小粮食生产收益和种粮主体利润最大化目标间的偏差。市场化的目的是用市场手段配置要素资源，只有让粮食生产收益和利润最大化目标尽可能一致，市场化改革才能产生提升粮食生产积极性的结果。因此，提高粮食生产的竞争力是粮食购销市场化改革和粮食生产同向推进的重要保障。具体来说，应加强一般农业服务支出，增强粮食生产的成本竞争力；发挥粮食生产的多种功能，提高粮食生产的非贸易竞争力；促进优质化生产，提高粮食品质竞争力；除基本口粮外，对其他粮食品种实施比较优势战略和品牌战略。

另一方面，完善购销端市场机制发挥的客观条件。粮食购销市场化改革看似是对整个流通体系的系统性改革，却难以摆脱渐进式的路径。具体来说，粮食流通市场化重在调整面向生产端的收购政策，下游储备、加工等方面及期货市场的改革存在滞后现象。因此，粮食流通体制改革更应注重全面性，在逐步放开粮食收购市场的同时，粮食流通下游和对应产业的市场化改革也应同步进行，实现粮食全产业链市场化。

因此，要重视粮食流通端的市场化改革，培育粮食流通端的市场主体；放开粮食收购市场，为多元化粮食收购主体提供公平、高效的融资环境；深化国有粮食企业改革，发展混合所有制经济，培育自负盈亏的

市场主体，推进粮食加工市场的良性竞争；积极完善粮食期货市场，更好地发挥价格发现和风险对冲功能。

2. 当前市场化改革尚不能保障粮食安全，政策支持仍不能放松

党的十九大报告提出“确保国家粮食安全，把中国人的饭碗牢牢端在自己手中”的要求，保障粮食安全始终处于重中之重的战略位置。然而，调整过程需要时间，结果也具有不确定性。从当前条件来看，完全的市场化改革并不足以保障我国的粮食安全。因此，在市场化改革的推动过程中，依然需要一定的政策调控，以保障粮食市场的稳定性。

以国际贸易为视角，当前我国稻谷和小麦生产已不具有绝对比较优势，需要更好地利用 WTO 规则和进口配额，努力维持主粮品种的比较优势。以生产主体为视角，当前国内尚不存在具有竞争力的粮食生产经营主体，兼业农户自不用说，多数新型粮食生产经营主体也仅能在政策扶持中发展壮大，在短期内无法适应市场竞争。为保障粮食安全，应实施多样化的粮食生产保障措施，坚持粮食生产经营主体“两条腿”走路。其中，提供适当的保险机制是避免粮食生产受市场过强冲击的较好选择。

3. 提高市场放开下产量波动的容忍度，避免不必要的改革后退

市场化本身意味着粮食供求关系会在一定范围内波动，市场调节机制会依据供求关系的具体情况刺激生产率增长或使生产率下降。考虑到当前粮食的低需求弹性和高库存现实，应容许粮食价格有更大幅度的调整。结合粮食购销体制改革的历程可知，对粮食供求关系的过度紧张一度使得粮食市场化改革夭折，以致多次错失改革良机。因此，保障市场化改革的平稳顺利推进，要吸取购销体制改革的经验教训，积极调整转变观念，构建粮食收储制度市场化改革的长效机制。

第二节

学术界在粮食流通重要性认知上的不足

粮食流通是以粮食商品为流通主体，由粮食的收购、储存、运输、加工和销售等多个环节构成的生产向消费转移的过程（王元慧，等，2012）。粮食流通、粮食生产和消费直接关联，故成为政府干预粮食市场的重点领域；粮食流通内部环节较多且关系复杂，也因此成为政府干预粮食市场的难点领域。重点与难点相互交织，共同决定了粮食流通体制改革的复杂性与曲折性。

一、将流通环节置于粮食安全保障的从属位置

粮食流通连接着粮食的生产端和消费端。生产端对应着广大农民，消费端对应着广大消费者。2004 年国务院发布的《粮食流通管理条例》中提到："为了保护粮食生产者的积极性，促进粮食生产，维护经营者、消费者的合法权益，保障国家粮食安全，维护粮食流通秩序，根据有关法律，制定本条例。"这一基本原则，一直延续至 2021 年 2 月 15

日中华人民共和国国务院令第740号第三次修订。既然粮食流通旨在保护粮食生产者的积极性和维护消费者的合法权益，那么粮食流通领域的一系列改革，其目的就是更好地满足生产和消费的政策需求，而对粮食流通领域诸多主体进行行为规则的调整与干预。

（一）价格管控与粮食流通

在市场经济条件下，价格是一切经济活动的中心。政府为了实现既定的农业政策目标，经常直接干预农产品市场以提高或降低某类农产品市场价格，通过对农产品实行价格管制，调控农业生产和农产品贸易，合理配置农业资源，以保护农民和农产品消费者的利益。

在很多国家，政府对市场的干预，其必要性仅以市场失灵为限（钟甫宁，2003）。但我国早期的统购统销制度，多是为了推动重工业的发展。其后的流通体制改革目标也聚焦于应对财政压力、保障农民增产增收及满足人们消费需求等方面（武舜臣，2017）。

1. 统购统销时期的价格管控与粮食流通

新中国成立初期，粮食供求关系存在突出矛盾。供给方面，粮食产量虽有较大提升，但余粮归集难度加大，且面临西方国家的贸易封锁；需求方面，城市人口增多，居民消费需求恢复性增长。此外，在优先发展重工业的战略下，我国决定实行统购统销政策。

在整个统购统销时期，粮食流通完全处于政府计划管控当中。国家的粮食按照计划收购，再按照计划供应，全部流通环节仅起到粮食传导作用，不对粮食价格和数量发挥作用。

其间，为应对粮食供给不足，政府先后通过对已有管制价格的提高，以及设立新的价格形式来提高农民生产的积极性。其中，从1958年到1965年，政府先后四次提高了粮食统购价格，1965年粮食统购价格已比 1957 年平均提高了 35% 。

此外，设置议购价和超购价，进一步提高农民的种粮积极性。1962 年，中共中央在《关于粮食工作的决定》中提出议购价，并对农村粮食集市贸易和实行粮食议价经营做了具体规定。1962—1997 年，国家为了掌握粮源，除定购外，还在市场上用高于定购价和低于市场价的价格，收购一部分粮食。1960—1961 年与 1965—1985 年，国家对粮食实行超购加价制，在农业生产者交售的粮食超过原定计划、合同约定或前几年交售数量时，国家给予加价奖励。

政府在提高了收购端粮食价格后，在销售端却没有做同步调整，由此导致了巨大的财政压力，以及后期的销售价格调整。因此，统购统销时期的粮食流通完全处于被动遵守计划当中。

2. “双轨制”时期的价格管控与粮食流通

为应对家庭联产承包责任制与粮食提价增产下的财政高负担和“卖粮难”问题，政府逐步采取措施，对统购制度进行调整和改革，并于 1985 年以合同定购制度取代了粮食统购制度。然而，随着后来粮食供求关系的紧张，带有强制性的粮食收购政策也以不同形式多次出现。粮食收购端的市场化改革一度出现徘徊和反复。

因此，在“双轨制”时期，粮食流通领域的改革依旧处于从属地位。这一时期的粮食价格管制大致有以下两类：

第一，设立保护价。1985 年国家统购价改为合同定购价，为保护农民利益，原统购价作为保护价存在。1993 年 2 月 20 日，国务院发出了建立收购保护价制度的通知，对小麦、稻米、玉米和大豆 4 种主要粮食品种按保护价敞开收购，目的是在市场价格大幅度下降时，保护农民的利益。保护价一般按照完全成本加 15% ~ 20% 的利润决定，但该制度直到 1996 年才正式实施。

第二，提高定购价。1985 年，国家确定按“倒三七”的比例计价，即 30% 的统购价格权重与 70% 的超购价权重加在一起，形成新的合同定购价格。1985 年之后，政府相继于 1987 年、1988 年、1994 年、1995 年提高过粮食定购价格，其中 1988 年和 1994 年提高幅度较大，分别提高了 23% 和 39% 。粮食定购于 2001 年取消。

与前一阶段的影响类似，在消费端粮食价格维系稳定的前提下，生产端的收购价格提高压缩了粮食流通环节的生存空间，也使国有粮食企业出现财务挂账问题，并面临巨额的财政压力（赵文先，2007）。此时，粮食流通体制的改革，多是沿着如何减轻财政压力而来，而不具有独立性（冀名峰，2001）。

（二）渠道管控与粮食流通

在统购统销政策实施的同时，政府对私营粮食工商业进行严格管制，严禁私商经营粮食。此处以粮食加工业为例，阐述计划经济时期粮食流通各环节主体的行为特征。

在粮食加工业领域，1953 年中央人民政府政务院发布的《关于实行粮食的计划收购和计划供应的命令》强调：“所有私营粮食加工厂及营业性的土碾、土磨，一律不得自购原料，自销成品，只能由国家粮食部门委托加工或在国家监督或管理下，代消费户按照国家规定的加工标准从事加工。”至此，私营粮食加工业在社会主义改造前就失去了自主经营的土壤，间接加速了私营粮食加工厂的社会主义改造。1956 年春季，全国各地先后完成了粮油工业的全行业公私合营。截至 1957 年，国营部分已成为粮食加工业的主体，按产值比重算，国营厂占全国粮食加工业主体的 54. 52% ，地方国营厂占 5. 98% ，中央公私合营厂占 29. 78% ，地方公私合营厂占 9. 27% ，合作社营厂占 0. 38% ，私营厂占 0. 07% 。

在国务院明确粮食部门对粮食加工业的统一领导与管理后，从1956年起，社会主义粮油工业的主要工作是改造旧企业及建设新企业。截至1984年，我国的粮食加工能力比1952年提高了近2倍，粮食加工产量增长4.2倍，粮油工业总产值增长6倍，粮食部门所属工业企业的年利润额增长了75倍。此外，计划经济时期在政府的统一规划下，还实施了工业布局调整、先进技术推广等措施，初步实现了布局合理和技术工艺提升等目标。然而，计划经济时期的粮食加工业由于缺乏自负盈亏的“经纪人”身份，充其量仅能算作社会主义的“加工车间”。正如高树印等[①]（1992）在分析粮价风险对不同主体影响时对粮食加工业做出的评价，粮食加工业“只承担粮食加工任务并收取一定的加工费”。从这里我们也能够看到，计划经济时期的粮食加工业不具备市场主体的身份，其发展完全受到政府指令的影响。

改革开放以来，中国粮食流通体制改革实际上就是对计划经济时期形成的传统粮食流通体制的改革，以建立起适应社会主义市场经济要求的粮食流通新体制。但从现实来看，粮食流通领域的更多问题，恰恰来自改革的渐进式过程。

以粮食加工业为例，伴随着市场化改革的深入，粮食加工业的市场主体地位逐渐提高。尤其是从1992年起全面放开粮食销售后，粮食加工业的经营自主权逐步得到放开。从1994年起，国务院在粮食部门实行“两线运行”[②] 新机制改革。“两线运行”新机制的提出，使粮食部门的政策性业务和商业性经营业务分开，并据此建立了两条线运行的新

①褚钟伟，高树印，贾志宏．试析粮食市场发育中的粮价风险［J］．农业经济问题，1992（12）：24－27．

②两线运行：对粮食的政策性业务和商业性经营业务分开运行。

机制。其中，粮油加工业归属于商业性经营单位，但商业性经营单位也接受政府委托，代理一部分粮油政策性业务，其代理费用按照政府委托业务量大小和委托时限，通过财政补贴或购销差价支付（张培刚，廖丹清，2002）。这次改革给予了部分粮食加工企业自负盈亏的市场主体身份。

此时，带有商业性特征的粮食加工业面临的最大难题，来自粮食流通体制改革过程中的不彻底与反复性。考虑到粮食的重要性，政府对粮食不同环节有不同的改革路径。在原粮市场方面，截至1996年，粮食依然存在定购价和市场价两种价格形成模式，自负盈亏的粮食加工企业在原料选购方面依旧受到诸多限制。1998年，政府提出“三项政策，一项改革”，彻底垄断粮源，粮食加工企业粮源只能来自顺价销售的国有粮食收储企业。2002年，政策的改变再次对粮食加工企业带来影响，政府放开了对粮食收购的控制，粮食加工企业本身也能够作为市场主体入市收粮。从2003年开始，政府逐步在主产区实施稻谷最低收购价政策，小麦最低收购价政策也在2005年开始实施。2008年，政府又在部分地区实施了玉米和大豆的临储政策。总体来说，粮食价格支持政策在保护农民收益、维持农民种粮积极性方面发挥了显著作用（贺伟，朱善利，2011）。然而，粮食托市政策[①]的存在却在一定程度上抬高了粮食加工业的原料成本，挤压了粮食加工业的利润空间。此外，随着中国加入WTO，国内粮食市场与国际市场关联性逐步加强。近年来，国际粮食市场的持续低迷，国内外粮食价格倒挂问题进一步冲击了国内粮食加工企业。正如杨正中等（2005）指出的，原粮价格与产品价格的变

①托市政策包括最低收购价政策和临时收储政策，是以国家储备库为依托，以粮食市场价格为基础的粮食价格调控手段。

动优势对企业利润的影响远远大于加工过程，当前阶段的大多数粮食加工企业就面临类似的境况。

二、对粮食全产业链系统性影响关注中的不足

粮食流通内部环节复杂，且与上下游之间关系密切。改革粮食流通体制的某一环节，不仅会影响到流通体制内该环节的上下游，而且会进一步影响至粮食生产和消费环节，这一推论在诸多粮食价格传导类研究中可得到理论支持。

政府干预的是粮食流通领域，关注的却是粮食生产、消费和财政压力问题，导致了前文提到的粮食流通体制改革的从属地位以及改革的反复性，即无论是粮食生产环节还是消费环节表现出一定的波动时，首先被政府干预的必定是流通环节。

从已有文献看，很多研究只是间接提及粮食价格政策影响流通层面，直接以流通领域为对象的政策研究较少。对粮食流通领域的研究，不仅实证方面尚无相关文献，而且理论方面也仅有翁鸣（2015）考察了托市政策和进口政策对粮食市场的挤压效应，以及武舜臣等（2015）考察了价格支持政策对粮食加工企业福利的影响。此外，王帅和赵秀梅（2019）提出，粮食安全不仅取决于粮食生产的量和自给率，还取决于相关人群的粮食可获性。

因此，对粮食流通体制改革，不仅缺乏足够的上级关注，而且存在理论研究上的忽视与不足。与于晓华和郭沛（2015）对农业经济学科的前景判断类似，粮食经济学科也将面临“从政策研究为重心”向“以市场研究为重心”的转变。目前看来，粮食经济学中的政策研究依然不够全面，在非政策核心目标领域还有很大的完善空间。

就粮食价格政策而言，目前研究的核心应是在原有政策目标不变的前提下如何缓解潜在的扭曲。早些时候提及的目标价格制度改革及当前的价补分离改革，就是在充分考虑粮食价格政策对粮食流通领域及财政压力的影响下提出的。相应的，未来粮食价格政策的研究，不仅要继续重视直接目标（农民增产增收、市民消费价格以及财政压力）的实现情况，而且要对相关主体福利及其他领域的影响给予足够关注，从而实现对粮食价格政策的全面评价。坚定粮食流通体制改革的市场化方向，通过系统性地推进不断完善粮食流通体制机制，避免改革的反复与后退。

第四章

粮食流通体制改革的特征表现及其影响

结合上一章的分析可知，与粮食安全相关的产业体系涉及多个行业，在渐进式、分块化改革的背景下，不同环节的改革并非同步进行。作为衔接生产和消费的流通环节，多因受重视程度不足而处于相对尴尬的境地。尤其是在粮食生产端高度计划性和消费端高度市场化的运行机制下，政府在粮食生产端价格的提高，将直接冲击粮食流通环节的正常运行，若国外成品粮价格下降，这种冲击将会加剧。虽然这种冲击在一定程度上能够倒逼流通环节转型升级，但也可能导致流通主体要素配置效率的下降，从而引发一些违法违规行为（武舜臣，等，2015），因此，推动粮食流通体制改革势在必行。那么，粮食流通体制改革又有哪些特征呢?

相比于生产环节和消费环节，衔接两者的流通环节，其改革内容不仅复杂，而且与生产和消费环节的改革成效直接相关。在决策层对生产、消费及流通关注程度存在差异的情况下，与对生产环节的贴补和消费环节的放开相比，粮食流通环节的改革要复杂得多，表现出周期性、分块化及谨慎性等特征。

第一节

粮食流通体制改革的周期性特征及其影响：逆市场化例证[①]

1978 年以来，我国粮食收储政策走出了一条市场化改革之路。然而，由于粮食供求关系的变化以及其他因素，粮食收储政策在长期的市场化改革过程中仍不乏短期的反复。通过历次改革的经验可知，新一轮改革需解决的难题，不仅有历史遗留问题，而且有新增的问题。随着改革不断向纵深推进，相比上一轮市场化改革，本次改革需克服的困难与改革推进的复杂性也大大增加。按照以上规律，若改革再次逆转或中断，下一轮的市场化改革之路将更加艰难。

---

①原文名为《粮食收储政策的阶段性收紧及其影响：历史回顾与启示》，发表在《山西农业大学学报（社会科学版）》2021 年第 3 期，此次出版有少许改动和更新。

一、粮食流通体制改革的阶段性收紧

粮食安全是关系国计民生的头等大事。正因为粮食产业的基础性和战略性，在发展中国家或处于转型期的国家，决策层对粮食安全问题的过分关注一直存在。在我国前期粮食改革大胆推进的基础上，个别粮食安全危机信号的出现，导致了粮食收储政策的短期收紧，也由此产生了若干粮食收储政策的收紧阶段。抛开不同的判断标准以及各种争议，大致可分为以下四个阶段：

（一）第一阶段：1985—1989 年

经历了改革开放，享受了一系列政策红利，在这一阶段，我国实现了粮食连年增产，粮食产量在 1984 年达到了新高点。然而，1985 年政策改革，却让丰收的态势出现转折，开启了之后 4 年徘徊的粮食生产阶段。张培刚和廖丹清更是将包括 1985 年和 1990 年在内的整个时期统称为“六年大徘徊”。虽然约翰逊曾结合城市食物供应数量及品种发表了不同的看法，但学术界的主流倾向及已然实施的政策收紧的确是不争的事实。因此，即便本阶段不存在真实的粮食供求关系紧张情况，政策走向却因学术界的过多关注而扭转。

具体来说，该轮粮食供求紧张的判断始于 1984 年的粮食大丰收，终于 1990 年粮食产量的再创新高。其间，以破解粮食供求矛盾为目标，政府主要采取了以下措施：第一，强化合同定购的行政性。“合同定购，既是合同，又是任务”的定义决定了合同定购有着巨大的政策干预空间。尤其是在粮食产量徘徊时期，面对快速增长的粮食需求，政府的粮食收购措施不断强化，出现了“合同定购比统购还‘统购’”的现象。第二，提高农民售粮的可获得价格。提高农民售粮的可获得价格有助于消除农民对粮食定购政策的抵触情绪，降低政策执行成本。为提高农民实际得到的售粮价格，国家主要采取了两方面的措施：一是 1987 年、1988 年连续两年提高粮食定购价格，其中 1988 年粮食定购价格比 1987 年提高 23%；二是减少合同定购数量，增加价格更高的粮食议价定购比例。

（二）第二阶段：1993—1994 年

与上一轮粮食收储政策收紧的原因相似，本轮粮食危机同样与粮食市场的实际供求状况无关。从粮食产量的绝对数据来看，1994 年我国的粮食产量为 44510.1 万吨，略低于 1993 年，却高于 1992 年的 44265.8 万吨。就当时的粮食供求情况来看，粮食库存充裕，粮食供给也不短缺。然而，在对粮食市场真实状况缺乏有效判断的情况下，以价格指标为依据，国家将当时出现粮食危机的原因判断为粮食供求关系紧张，并采取了一系列应对措施，使得当时的农业政策重新转向对粮食产量的追求。

最终，1994 年实施的“保量放价”政策被紧急叫停，同年 6 月，政府提高了四种粮食（小麦、稻谷、玉米、大豆）的平均定购价格，提价幅度达 44.4%。本次改革的失败，为未来收储制度市场化改革提供了负面经验。

（三）第三阶段：2000—2004 年

此阶段的粮食收储政策收紧的原因仍是供求关系紧张导致的粮食危机，而且该阶段的粮食危机被更多的人知道[①]。2000—2004 年政府调低

①结合当时的研究来看，许经勇、黄爱东（2004）等一批学者并不认为当时的情况属于粮食供求关系紧张，事实上，当时的供求形势仍在可控范围之内。

粮食收购价格、缩小收购品种范围，取消粮食保护价政策，以及大刀阔斧的农业结构调整，共同导致了粮食供求关系的紧张局势。从2000年起，我国粮食产量连降4年，2003年年底的粮食产量仅略高于4.3亿吨，低于1990年粮食产量的绝对水平。随着人们生活水平的提高，粮食消费量刚性提高，徘徊的粮食产量显然无法满足当时的粮食需求，库存被大量消耗，粮食供求关系紧张局势凸显。

为应对当时的紧张局势，自2003年起，政府发布了一系列粮食生产扶持政策，其中，与粮食收储政策相关的是托市收购政策的建立。2004年中央一号文件提出，在主产区对市场紧缺的重要粮食品种（小麦和稻谷）实行最低收购价政策。由于前四年粮食产量徘徊，2004年前后粮食市场价格一直保持高位，政策实施初期很少出现市场价低于最低收购价的情况，最低收购价基本未能启动，也没有出现市场过度扭曲的状况。然而，随着托市收购政策的建立以及后期一系列补充政策的出现，我国搭建起新一轮的粮食价格支持政策框架。在刚性政策的限制下，随着国内外粮情的改变，该框架成为后来引发“三量齐增”问题的巨大隐患。

（四）第四阶段：2007—2008年

2007—2008年的国际粮食危机对粮食收储制度改革的影响最为深远。2007年年初，国际谷物出口价格大幅上涨，到年末，国际市场小麦价格飞涨112.0%，大豆价格飙升75.1%，玉米价格猛增47.3%，大米价格上扬3.1%。当时国际粮价的飞涨同样带来了一系列问题，如多国对粮食出口的限制甚至禁止、紧张的国际形势、部分国家的社会动荡或政治危机等。

该阶段，继2007年启动玉米临时收储政策后，政府于2008年继续就大豆和油菜籽启动临时收储政策，并首次提高了既有稻谷、小麦的托市收购价格。在多数国家遭受国际粮食危机巨大冲击的情况下，中国农产品市场经受住了考验，粮食价格未出现暴涨暴跌。然而，在刚性政策的作用下，粮食最低收购价进入了持续上升阶段，意在应对特殊情况的“临时储备”也转为“常态性储备”。

二、粮食收储政策收紧加大了粮食收储制度市场化改革难度

无论粮食供求关系紧张是否真实存在，历次粮食收储制度收紧都提高了粮食的供给量，理论上具有缓解粮食供求关系紧张的重要作用。然而，由于扶持政策的刚性特征，诸多发挥作用的“良药”一旦久置，就会因国际形势等外部条件的改变，转而危害粮食安全保障。

（一）历史失败教训加深决策层对市场的不信任

与一般商品供给不同，粮食供给面临着远超市场的风险，其带来的政治风险和自然风险更加突出。如此一来，各国总会采取一定的措施以保障本国的粮食安全，政策干预在粮食供求领域影响深远。由于对粮食问题的过分紧张，甚至泛政治化，决策层对市场保障粮食安全并没有十足的信心。

在我国，决策层对粮食安全保障手段的认知很大程度上决定着粮食收储制度改革的方向。粮食供求关系紧张时期政府强势干预市场价格所发挥的增产效果，更加坚定了决策层以强化行政力量破解粮食供求关系紧张问题的信心，因此，每当出现新的粮食供求关系紧张判断时，决策

层便优先考虑强化行政力量，并引导粮食收储制度逆市场化调整。

（二）扶持政策刚性化引出市场化改革新难题

因为各种原因，国内农业扶持政策表现出独特的、可升不可降的刚性特征。正因为这一特征，粮食供求关系紧张时期的“非常手段”多会变为常规化政策，2008年“临时储备”向“常态性储备”的转变就是例证。同样，其他粮食领域的政策改革也多着力于增量，而极少触及存量。

因此，粮食供求关系紧张时期强化的行政干预或扶持力度，需经过长期的改革调整才可能被消化。在2008年国际粮食危机中，面对飙升的国际粮价以及充足的国内库存，我国选择了加大生产刺激的政策方向。随后，国际粮价急剧下降，但是在政策刚性的情形下，国内扶持政策依然逆势增强，最低收购价与临时收储价连年上涨，导致出现“三量齐增”问题及相应的改革困境。当然，迫于“卖粮难”、库容危机及伴随的财政压力等，多数扶持政策总会被倒逼改变。然而，改革过程的投入成本和改革完成前造成的资源配置扭曲是一笔不可忽视的巨大损失。

（三）频繁的非针对性干预阻碍流通环节发展

以粮食收储制度市场化改革保障粮食安全需要有完善且匹配的流通系统作为保障。然而，不同于政府在粮食收储环节干预的针对性、长期性与稳定性，政府对粮食流通环节的干预呈现“运动式”特征，且极富弹性。一般来说，一旦出现供求关系紧张，流通环节的行政干预就会无限增大，粮食流通更趋行政化；相反，一旦粮食供求关系宽松，流通环节又会被完全放开，置于市场调控之中。

以玉米深加工为例，2005—2006 年，玉米供给宽松，以玉米为原料的燃料乙醇加工能力不断提高。2006 年《中华人民共和国可再生能源法》的正式实施，进一步在政策上对用玉米、甘蔗等原料生产的燃料乙醇给予肯定。这一系列鼓励政策一直延续到国际粮食危机的爆发。而且，为应对国际粮食危机，原本的鼓励型政策直接扭转为抑制型政策。2007 年国家发展和改革委员会发布的《关于促进玉米深加工业健康发展的指导意见》中提出“确保食用，饲料优先”的指导思想，多方面限制玉米深加工发展。而后，为应对高库存问题，政策于 2015 年再次反转，国家发展和改革委员会发布《关于玉米深加工项目管理有关事项的通知》，对玉米深加工的政策干预由禁止转为放开和鼓励。弹性的政策干预，形成了粮食加工业独特的政策周期，以及相伴出现的行业周期性红利或周期性亏损，也使得粮食加工产业发展的连续性受阻，竞争力提升难度加大。

第二节

粮食流通体制改革的分块化特征及其影响："去库存"例证[①]

2004年以来，在托市收购政策的刺激下，我国粮食产量实现"十三连丰"。与此同时，粮食库存居高不下，多次刷新历史纪录。长期的高库存不仅带来了巨额的财政负担，而且使得仓容不足、"卖粮难"问题重现，"去库存"成为当时粮食流通工作的重中之重[②]。

为解决高库存难题，相关顶层设计密集出台。2016年3月5日，政府工作报告强调，粮食"去库存"是2016年的重要任务；2016年7月12日，国家粮食局发布《关于加快推进粮食行业供给侧结构性改革的指导意见》，指出要"紧紧围绕中央关于推进供给侧结构性改革的决策部署，以推动粮食流通领域转方式、调结构、去库存、降成本、强产

①原文名为《粮食收储体制改革与"去库存"影响波及》，发表在《改革》2017年第6期，此次出版有少许改动和更新。

②2016年6月21日，国家粮食局原党组书记、局长任正晓同志率局党组全体成员、局总工程师到粮食交易协调中心调研指导工作时指出，粮食"去库存"是当前粮食流通重中之重的工作。

业、补短板为方向”。2017 年中央一号文件进一步提出“采取综合措施促进过腹转化、加工转化，多渠道拓展消费需求，加快消化玉米等库存”的要求。与顶层设计的关注点对应，粮食库存问题也成为当下“三量齐增”中最受关注的一环，与“去库存”相关的具体政策也密集出台。当时的政策较快地消化了过大的玉米库存，但是也间接导致了玉米种植大户的大量跑路，以及过剩的玉米加工企业产能。

一、粮食流通体制市场化改革中高库存与“去库存”的经验及教训

自粮食储备制度建立以来，伴随着粮食产量的波动和消费结构的调整，粮食的高库存现象和“去库存”压力难以避免。而且，除个别特殊时期，一直以来，高库存和“去库存”都存在共性，也正是因为这种共性，对“去库存”历史的归纳和研究对当前政策改革具有很强的指导意义。

（一）粮食流通体制改革与高库存形成的政策背景

我国粮食流通体制的演变是政府主导下的一个强制性制度变迁过程。这一制度变迁是渐进式的，是政府与粮食生产者、粮食流通企业以及粮食消费者等市场主体进行博弈和利益重新分配的过程，也是政府、生产者、消费者三者之间权利与义务重新界定的过程。政府对粮食安全与粮食生产效率关注程度的阶段性差异导致粮食流通体制改革的多次反复，并使得粮食供求关系的政策性波动明显。

粮食流通体制表现出非常明显的“松时放，紧时收”特征，即粮食政策会在粮食相对过剩时向市场化迈进，又在粮食相对紧缺时向旧体

制复归①。纵观粮食流通体制的市场化改革历程，粮食相对不足时的政策实施往往效果较明显，粮食供求关系偏松时的政策调整反而很难有效。具体来说，粮食相对不足时政府对粮食安全的关注度更高，维持原粮食生产刺激政策的动力也更足；相反，当粮食供求关系偏松时，过高的财政负担和弱化的粮食安全意识则会推动粮食政策的市场化改革。无论什么时期的改革，政策选择最终决定于坚持原政策的代价与改革成本之间的权衡，这也导致了粮食流通体制的市场化改革在推进过程中的阶段性逆市场化问题的出现。尽管粮食“十二连增”期间价格干预力度依旧在增强，且价格形成机制也继续逆市场化，但是，坚持原政策导致的高库存和高财政负担问题，也使新一轮粮食储备制度改革提上了日程。而且，跟历史上多次出现的高库存与“去库存”一样，作为粮食供求关系偏松时的重要表现，粮食高库存起源于粮食生产政策的过度刺激，也将结束于粮食流通的市场化改革。

（二）粮食流通体制改革中的“去库存”

在以收储为中心的粮食支持政策下，粮食高库存问题曾多次出现。而且，与当前政策类似，高库存问题的解决路径，基本可概括为两条：一是在源头上减少存量，二是在去向上增加流量。然而，政策干预总会打破原有的利益平衡，对不同主体的福利产生影响。从风险方面来看，减少存量意味着“卖粮难”的问题可能增多，粮农收益会受到影响。增加流量，则会增强政府对企业干预的动机，影响企业的正常经营。政策的制定和实施往往会牵扯方方面面的利益关系，因此，“去库存”政

①2004年以来，尽管粮食供求关系一度偏松，但政府未能及时对粮食流通制度进行改革与调整，反而日益逆市场化。

策的制定和实施必须十分谨慎。

高库存是粮食供求关系偏松的表现，也是粮食储备制度改革的重要诱因。与粮食收储制度建立后的三次改革相对应，粮食流通体制改革和不同时期的粮食流通政策存在差异，“去库存”的应对措施和外在影响也存在显著的阶段性特征。

在统购统销政策发布之前，“去库存”主要集中在政府掌控力下降的增量方面，通过干预生产领域抑制库存的过快增长。粮食统销政策取消后，政府对粮食需求端的干预能力下降，调整进入门槛和补贴成为政府对粮食增量调控的重要补充手段。当然，1952—1978 年国内粮食供给相对紧张，粮食高库存问题并不严重。1978—1993 年粮食销售放开之前，增加的粮食产量和控制的销售端形成了独特的“去库存”现象。考虑到当时粮食价格倒挂问题本身已造成较重的财政负担，当时的“去库存”政策依旧着眼于粮食生产领域，旨在降低对粮食生产的刺激。

例如，随着家庭联产承包责任制的实施及粮食统购价的提高，农户生产粮食的积极性大大提高，粮食生产实现了连年丰收，但同时也带来了高库存问题。对此，1985 年政府废除了统购政策而采用合同定购方式，降低了对粮食生产的直接刺激。有关资料显示，1984 年仅政府超额收购粮食数量就达到 1 亿吨，而 1985 年政府通过合同收购的粮食数量则不到 8000 万吨；此外，合同价格使政府向农民支付的边际价格下降了 9.2%，粮食收购量的减少减轻了库存压力和财政负担。

1993 年，粮食统销政策废止，统购统销制度彻底退出历史舞台。与此同时，为应对可能的粮食价格波动并保护农民利益，1993 年 2 月 20 日，国务院发布了《关于建立粮食收购保护价格制度的通知》，对小麦、稻米、玉米和大豆 4 种主要粮食品种按保护价敞开收购。1996 年，粮食收购保护价政策正式实施，这一举措较好地带动了粮食增产，却在粮食产量增加、粮食供求关系偏松时出现问题。连续几年的粮食丰收，使得粮食市场供大于求的问题突出，粮食储备压力增大。

面对粮食收购保护价政策带来的高库存问题，政府首先尝试从存量端入手解决。1998 年 6 月，国务院召开全国粮食购销工作电视电话会议，强调“三项政策，一项改革”是改革的重点，尝试在封闭的环境下顺价处理已有库存。然而，当时的改革并没有解决高库存问题，国有粮食购销企业亏损状况进一步加剧。

随后，政府开始从增量端着力。2001 年确定的粮食流通体制改革的基本思路是“放开销区、保护产区，省长负责、加强调控”，其目的是在确保粮食安全的前提下适当调整农作物生产结构。此外，政府降低了政策保护对粮食生产的刺激。从 2001 年起，部分地区开展保护价向直接补贴转换的试点，2003 年，全国已有 16 个省（区、市）放开了粮食价格和市场，以直接补贴代替粮食保护价政策。其间，粮食生产比重迅速下降，粮食作物播种面积占比由 1998 年的 73.079% 下降到 2003 年的 65.223% 。增量方面的调整为“去库存”打下了很好的基础，解决了当时的高库存难题。

随着国内粮食产量出现新低，出于对粮食安全的担忧，托市收购政策作为粮食直接补贴的补充政策开始出现。2007 年，为支撑大豆和玉米生产，临储政策也成为托市收购政策的重要组成部分，共同支撑了粮食的“十二连增”，同时也带来了新一轮的粮食高库存问题。正如徐振宇等（2016）概括的那样，此阶段“去库存”更多地呈现出逆市场化特征。与历次粮食生产“过剩”时期一样，为保障足量仓容，解决农民“卖粮难”的问题，政府鼓励扩大粮库库容。2015 年 6 月，国家发展和改革委员会、国家粮食局、财政部发布的《粮食收储供应安全保障工程建设规划（2015—2020年）》要求，2015年全国新建粮食仓库的库容为5000万吨。

总的来说，以往“去库存”政策有以下三个特点：第一，倒逼性。“去库存”政策的制定往往都是在粮食库存过高，超过政府财政能力的背景下提出的。第二，局部性。“去库存”政策往往只关注粮食储备环节，通过政策干预库存的上下游以达到“去库存”的目的。第三，反复性。为解决“高库存”问题，往往会在一定程度上降低对生产端的支持，造成农民对粮食生产的担忧。之后，随着政策支持力度的增大，“高库存”问题再次出现，相应的生产支持政策再次弱化。“去库存”政策整体上呈现出卢锋（2002）[①] 总结的“松时放，紧时收”的循环特征。

二、“去库存”政策对产业链上下游的影响

粮食储备环节，既是粮食生产产品的需求方，又是粮食加工原料的供给方，因此，“去库存”政策虽着力于粮食储备环节，却会因为产业关联不可避免地对粮食储备产业链的上下游带来影响。

（一）影响上游粮食生产的种植结构

价格支持政策是政府有效影响粮食生产的重要手段。正因为政策有效，分品种粮食价格支持差异直接导致了农业生产结构或粮食生产结构

①卢锋．“松时放，紧时收”——我国粮棉流通改革周期性反复现象研究［M］．北京：中国财政经济出版社，2002：299－342．

的改变。1998—2003 年的“去库存”政策旨在调整农业生产结构，尤其是提高经济作物的种植比例。同时，政府逐步取消了与粮食生产直接挂钩的粮食保护价，代之以对生产刺激程度较弱的粮食直接补贴政策，因此，该阶段粮食播种面积和产量都出现了较大幅度的下滑。2004 年以来，由于对主产区小麦、稻谷、玉米及大豆品种的重点扶持，这几类品种粮食产量逐年上升，库存压力逐年加大。对此，2014 年中央一号文件提出“坚持市场定价原则，探索推进农产品价格形成机制与政府补贴脱钩的改革，逐步建立农产品目标价格制度”，并决定取消大豆临时收储制度，推行大豆目标价格改革试点。大豆扶持政策改革对大豆生产带来一定冲击，导致豆改粮现象普遍出现，且受种植地资源禀赋影响，多由大豆改为玉米。2016 年以来，由于玉米产量激增和“去库存”难题一直存在，玉米临时收储制度被价补分离政策替代，玉米扶持政策力度下降。此外，在政府政策性调减及粮改豆补贴的作用下，玉米种植面积占比开始减少，粮食生产内部结构再次面临调整。

（二）影响下游加工企业的生产经营

粮食库存是加工业原料的重要来源。在“去库存”政策之前，粮食加工业本身就处于政策的巨大影响之下，生产经营的逆市场化特征明显。随着“去库存”政策的出台，政府有更充分的理由干预粮食加工业的生产经营。这有可能会打破原本的市场竞争平衡，企业对市场规律的把握将更加困难，也可能加重当前粮食加工业的产能过剩。

近年来，粮食加工业有了长足的发展。然而，与多数加工业类似，粮食加工业同样存在结构性产能过剩问题，且产能过剩程度更深。2008—2014 年我国主要粮食品种加工业产能利用率见表 4－1。

表 4-1 2008—2014 年我国主要粮食品种加工业产能利用率（%）

年份	大米加工业	小麦粉加工业	油料处理	油脂精炼
2008	46.2	67.6	52	70.7
2009	44.4	67.2	51.2	71
2010	45.6	70.3	59.2	48.5
2011	44.9	64.7	57.3	60.9
2012	44.5	64	52.8	52.6
2013	43.6	61.1	52.3	—
2014	44.9	59.5	53.9	—

数据来源：历年《粮油加工业统计报表》及相关政府报告，2013 年和 2014 年油脂精炼数据不再统计，故该部分数据未作汇报。

从表 4-1 中相关数据可以看出，当前国内主要粮食品种加工业产能利用水平整体较低。美国联邦储备系统（简称“美联储”）公布的相关数据显示，工业产能利用率在 81% 以上时，为正常的产能过剩；低于 81% 时，为较严重的产能过剩。按照该标准，我国主要粮食品种加工业产能已严重过剩。

除以上几类粮食品种外，玉米加工业同样存在较严重的产能过剩问题，且产能利用结构严重失衡。目前，全球以玉米为原料的制成品有 4000 多种，而我国则仅有 1000 种左右，且以低端和大宗制成品为主。其中，淀粉及淀粉糖出现一定程度的产能过剩，氨酸类特别是赖氨酸产能严重过剩①。

①当前，全球赖氨酸加工量约 300 万吨，仅我国就高达 200 万吨，与约 200 万吨的全球需求量相比，产能严重过剩。

为“去库存”而补加工，粮食加工业扩建在所难免，这间接带动了农业机械制造业的发展。然而，从粮食加工业产能利用现状可知，粮食加工业本身产能过剩问题已相对严重。以玉米为例，一旦当前库存问题得到解决，结构调整又会导致玉米后备供给的不足，专属性的机器会恶化玉米加工业的产能过剩问题。届时，不仅玉米加工业本身发展会遇到冲击，中长期粮食安全也会受到影响。

因此，政策制定不仅要关注“去库存”问题能否解决，更应兼顾粮食产业链上下游环节间的发展，从全产业链角度实现粮食流通市场化推进，保障粮食安全。

第三节

粮食流通体制改革的谨慎性及其影响：“三量齐增”例证[①]

由于粮食流通体制改革的周期性和分块化特征短期内难以克服，因此，对当前粮食安全保障问题的分析，仍不能脱离现有的粮食流通体制框架。本节将针对处于改革关键位置的小麦和稻谷品种，结合日本的改革经验进行分析。

一、稻谷、小麦价格支持政策改革的基本背景

2015 年以来，以玉米为代表的粮食市场出现了“三量齐增”现象，给当前的粮食价格支持政策体系带来挑战。“三量齐增”是指生产量、进口量和库存量同时增加。通常来说，需求一定，如果粮食产量不断增

①原文名为《粮食安全保障与稻麦“三量齐增”应对：中国玉米和日本稻米改革的经验启示》，发表在《经济学家》2018 年第 4 期，此次出版有少许改动和更新。

长，进口量不应保持高位；如果进口量不断增长，库存就不应该出现积压。然而，在当前政策和国际环境下，以上不可能或不应该共存的现象却恰恰同时出现。

“三量齐增”现象源于粮食收储政策问题的积累。相应的，改革粮食收储制度成为解决“三量齐增”问题的关键。面对最为突出的玉米“三量齐增”问题，2016 年中央一号文件提出“市场定价、价补分离”的改革原则，并实行了玉米临时收储制度改革。同时，政府配套制定了种植结构调整、轮作休耕及推动库存转化的相关政策。在多重政策配套实施下，玉米“三量齐增”的局面得到了控制。

与玉米类似，最低收购价政策下稻谷和小麦的“三量齐增”问题同样明显。而且，随着玉米生产比较收益的降低，更多的玉米生产将被稻谷生产和小麦生产替代，替代性产量的增加会加剧稻谷和小麦的“三量齐增”问题，稻谷、小麦收储制度改革的紧迫性也更加凸显。然而，面对可能出现的严重“三量齐增”问题，政府对稻谷、小麦的最低收购价政策改革仍然非常谨慎，价格调节弹性虽有所增加①，但改革方向尚不明确。

因此，尽管应对玉米“三量齐增”问题的系列改革成效显著，但围绕稻谷和小麦的系列政策调整却并不到位。从根本上说，这与新粮食安全观下稻谷与小麦的战略地位有关。2013 年中央经济工作会议确立了以“谷物基本自给、口粮绝对安全”为主要目标的新粮食安全战略。

①具体表现为 2017 年稻谷最低收购价全面下调，2018 年小麦最低收购价也出现首次下调。

因为稻谷和小麦是重要的口粮品种，所以尽管玉米“三量齐增”应对政策中临时收储制度改革对稻谷与小麦的最低收购价制度改革具有深远的启示意义，但其做法仍难以直接应用于稻谷和小麦。因此，当前尚没有合适的措施应对稻谷和小麦的“三量齐增”问题。

在全球范围内比较，日本与中国有着相似的资源禀赋状况，且其重点保护的稻米也多次出现过“三量齐增”问题。大米是日本人主要的食物。日本稻米与中国稻谷和小麦在国家粮食安全战略中的地位相似，日本应对稻米“三量齐增”问题时面临的各类约束也与中国稻谷和小麦改革面临的约束相似。更重要的是，尽管同样面临“三量齐增”的国内外环境，日本通过国际方面的周旋和国内政策的调整，至少从结果上并未因应对“三量齐增”问题而导致原稻米支持体系崩溃。而且，日本在应对“三量齐增”问题的同时，依然保证了国内稻米较高的自给率。因此，日本应对“三量齐增”问题的经验能够为在保障粮食安全的情况下中国稻谷和小麦改革的推进提供重要借鉴。

二、“三量齐增”问题的内在逻辑与难点突破

“三量齐增”问题看似是新出现的“怪象”，但实际上存在着清晰的内在逻辑。在开放条件下，如果保留了国内农产品支持价格，一旦国内价格超过进口粮食价格，就必然会导致“三量齐增”问题的出现。“三量齐增”并没有特殊性或不可预见性。因此，只要能把握“三量齐增”问题产生的内在逻辑，就能有的放矢地找出解决问题的有效方案。

对此，此处将结合已有研究，在现有粮食体系框架内对“三量齐增”问题形成的内在逻辑进行梳理（见图4－1）：

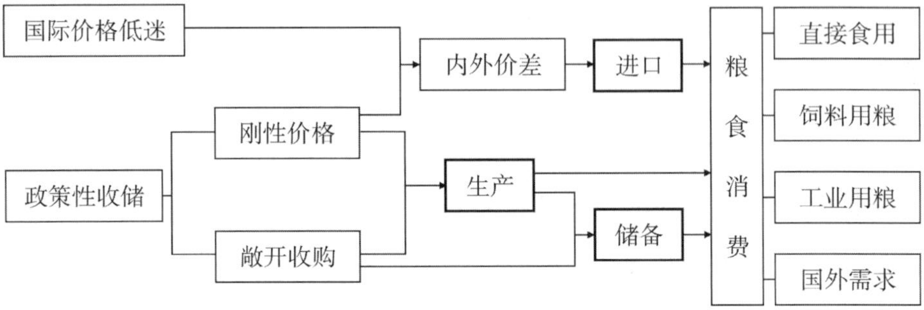

图4－1　“三量齐增”问题形成的内在逻辑

“三量齐增”表现为生产量、进口量和储备量（图中边框加深部分）的同时增加。具体来说，为保障粮食安全，政府往往会采取政策性收储措施，一方面刚性提升收购价格，另一方面承诺敞开收购。在这种背景下，人们生产粮食的积极性提高了，粮食产量也相应增加。此外，刚性收购价格遇到国际粮价低迷时会产生国内外粮食价格差，这种价格差会带来更多的“非必须进口”。在粮食消费总量保持稳定的情况下，低价进口粮会优先占据部分消费市场，对国内新增粮食产生“挤出效应”，导致更多国产粮不得不进入粮库，增加库存负担。因此，国内外粮食价格差最终导致了“洋粮入市、国粮入库”现象的产生。

根据“三量齐增”问题形成的内在逻辑可知，应对国内外价格倒挂下的“三量齐增”问题，一方面应该积极调整对外贸易政策，尽量减少国内市场受到国际市场的冲击；另一方面则要在国内粮食供求方面下功夫。供给方面，既可以改革收储制度，降低刺激，又可以采取种植结构调整和轮作休耕的措施，鼓励粮食种植面积调减；需求方面，做大做强原需求是基础，开发、拓展新需求是补充。当然，以上应对措施也存在一定的制约因素。第一，就对外贸易政策而言，WTO成员方在农业方面都有不同的承诺，轻易改变对外贸易政策并不可行；第二，粮食收储制度改革程度难以把握。改革程度弱，对产量刺激影响不大，改革程度强，则可能影响农民生产粮食的积极性和粮食安全；第三，轮作休耕措施往往面临着巨大的财政压力和传统认知阻力；第四，依靠政策手段增加粮食产业链下游市场需求的可持续性值得商榷。正因为以上因素，“三量齐增”问题的应对看似简单，实施过程却困难重重。由此，下文将以我国玉米品种与日本稻米品种为例，分别就两种“三量齐增”问题应对的成功点和不足之处进行分析。

三、我国玉米“三量齐增”问题的应对及评价

在存在“三量齐增”问题的粮食品种中，大豆进口量最多，玉米产量和库存量最多，小麦大体供需平衡，稻谷满足需求后略有结余。在“谷物基本自给、口粮绝对安全”的新粮食安全战略与“分品种施策、渐进式推进”的改革模式下，政府首先针对玉米品种的“三量齐增”问题做出应对。

（一）玉米“三量齐增”应对的主要措施及效果

针对玉米“三量齐增”问题，供给端推进了玉米收储制度改革，并调整了种植结构，采取了轮作休耕措施；需求端采取多种措施鼓励过

腹转化和加工转化，重新启动乙醇燃料深加工并积极开发玉米新用途。

玉米收储制度改革始于2014年。与之前连年提升的临时收储价不同，2014年玉米临时收储价格与2013年持平，不再上涨。2015年玉米临时收储价格则首次下降，从2014年的2.24元/千克下降到2元/千克，这是政府对玉米临时收储价格的重大调整。2016年，中央一号文件提出“市场定价、价补分离”的改革原则，政府取消了玉米临时收储政策，实行“市场定价、价外补贴、多元收购”的新体制机制。

作为应对“三量齐增”问题的配套措施，供给端同时采取了种植结构调整和轮作休耕试点。农业部统计数据显示，2016年全国籽粒玉米面积调减3000多万亩，预计2017年玉米还将调减2000万亩以上。相应地，2016年的玉米产量较上年减少507.73万吨。美国农业部预测数据显示，2017年中国玉米产量进一步下降，预估为2.15亿吨。此外，在价补分离政策下，国内玉米价格降低了30%，国内外玉米差价缩小，有效缓和了国际进口冲击，2016年全年玉米进口较上一年减少33%，为317万吨。

除了供给端发力外，政府在玉米需求端也采取了一系列“强化原渠道、开拓新渠道”的措施，有效促进了库存的消化。在强化原渠道方面，2016年10月，财政部等四部门联合发布《关于实施东北玉米深加工企业收购加工新产玉米奖补政策的通知》，中央财政除对出台玉米深加工企业收购加工新产玉米奖补政策的省（区）实施奖补外，要求东北三省和内蒙古自治区对省（区）内规模以上玉米深加工企业在2016年11月1日至2017年4月30日将玉米收购入库，并对6月30日前加工消耗本省（区）2016年新产玉米的企业给予补贴。以此为依据，内蒙古自治区、辽宁、吉林、黑龙江相继出台了本省（区）的玉米深加工企业收购加工新产玉米奖励政策，补贴标准分别为每吨（标准水分）200元、100元、200元、300元。而且，吉林更是在原有对年产5万吨以上企业补贴的基础上，进一步对年产2万吨以上的饲料加工企业追加补贴，补贴额为每吨120元。在以上“去库存”政策的综合作用下，2017年1—9月，玉米销售成交量为5042万吨，玉米库存消化方面取得突破性进展。在开拓新渠道方面，2017年9月13日，国家发展和改革委员会、国家能源局、财政部等十五部委联合下发了《关于扩大生物燃料乙醇生产和推广使用车用乙醇汽油的实施方案》，明确了扩大生物燃料乙醇生产和推广使用车用乙醇汽油，引起社会的广泛关注。随着乙醇推广得到政策支持，燃料乙醇需求量将从2017年的不足260万吨增加到1000万吨以上，理论上相当于新增玉米（包含替代品）需求超过2000万吨。而且，据国家粮油信息中心的初步统计，在国家发布燃料乙醇生产政策之前，东北地区已新增13个深加工项目，新增产能超过1100万吨，产品覆盖淀粉、淀粉糖、结晶糖、氨基酸、酒精等。

（二）对中国应对玉米“三量齐增”问题的简单评价

为解决玉米“三量齐增”问题，诸多改革措施的推进打破了原有的制度框架。总的来说，当前的制度组合能够解决玉米“三量齐增”问题。短期内库存处理有保障，各类加工补贴和政策推动带来了巨大的玉米消化产能；长期看也不再具备玉米提价增产的制度条件，国内外玉米市场的整合程度提高，“非必须进口量”继续增加的空间趋小。因此，针对当前玉米“三量齐增”问题的“组合拳”发挥了较好的作用，随着流量控制和存量消耗，中国玉米的“三量齐增”问题逐渐得到解决，改革成效显著。然而，从改革结果看，存在两点不能忽视的隐患：第一，玉米临储政策改革等于将玉米交由市场自发调节，一定程度上对农民利益和生产玉米的积极性产生了不利影响；第二，过度刺激需求端也可能导致玉米加工业未来的产能过剩问题。

由以上分析可知，尽管玉米“三量齐增”问题能够通过一系列政策组合得到较好的解决，但这些政策同样会给粮食安全保障带来不确定性。因此，考虑到玉米“三量齐增”问题应对过程中潜在的粮食安全风险问题，该模式并不能直接应用于稻谷和小麦。而且，对口粮品种而言，“三量齐增”并非全为问题，高库存和高进口暂且不谈，高产量是否成为“问题”仍有待商榷。因此，在口粮绝对安全的条件下，至少当前稻谷和小麦的最低收购价政策依然有存在的必要性。

四、日本稻米“三量齐增”问题的应对经验

在日本，稻米是最重要的粮食保护品种，政策调整会直接关系到日本的粮食安全。因此，日本应对稻米“三量齐增”问题的经验为粮食安全目标下“三量齐增”问题的解决提供了重要的借鉴。具体来说，面对稻米的“三量齐增”问题，日本一方面积极争取有利的国际保护政策，另一方面也在适当调整国内价格政策。在尽可能避免降低稻米自

给率的同时，基本解决了“三量齐增”问题。因此，日本应对稻米“三量齐增”问题的经验能够为中国当前粮食政策的调整带来有益启示。

（一）日本应对稻米“三量齐增”问题的阶段性梳理

1. 乌拉圭回合①前，日本稻米“三量齐增”问题的“解决”

1961 年日本政府出台并实施《农业基本法》，政府向生产者购买大米的价格迅速提高，且长期高于销售价格。然而，日本大米在高价格的刺激下连年增产的同时，人均消费量却开始下降，库存不断积累，财政负担日益加重。20 世纪 60 年代之后，日本国内大米价格始终为国际价格的 2 ~ 4 倍。为应对此时“三量齐增”下的高库存、高政府赤字问题，日本政府采取了以下措施：（1）将大米进口置于政府直接管理之下，1968—1995 年，除个别歉收年份以及某些特殊用途外，大米的进口数量基本为零。（2）1968—1970 年，冻结了政府购买价格。（3）从流量和存量两个方面入手“去库存”。流量方面，1970 年日本推行“综合农业政策”，对农业生产结构进行调整，付钱让农民将稻田休耕或转产其他作物；存量方面，积极推进饲料和工业用粮，或以优惠折扣对外出口。（4）调整流通模式，实行自主流通大米制度，在一定程度上推动了流通的市场化。在以上措施并举，外加世界粮食危机的共同作用下，1974—1975 年，日本的稻米过剩问题得到了一定程度的解决，

①1986 年 9 月，在乌拉圭的埃斯特角城举行的关贸总协定部长级会议，决定进行一场旨在全面改革多边贸易体制的新一轮谈判，故称为“乌拉圭回合”谈判。

1976年日本稻米的超额供给已为负值。

然而，世界粮食危机后，1968年之后日本逐渐放松"去库存"政策，高库存问题再次出现，原政策又一次得到应用和强化。日本的第二轮稻米"三量齐增"状况在1983年得到缓解。从本质上看，1976年前后的两次"三量齐增"问题的产生和解决并没有显著的差异，都呈现出"提高生产者米价→生产发生过剩→库存陈米增加→冻结米价+强化面积调减+陈米处理"的特征。第二次实施"去库存"政策之后，1985年，稻米库存量再次反弹。在前两次应对"三量齐增"问题的经验下，日本政府立即强化了面积调减政策，该次稻米库存积压程度相对较轻。

2. 乌拉圭回合后，"三量齐增"问题的应对

为尽可能避免国际低价米的冲击，日本在乌拉圭回合中围绕推迟关税化或降低开放程度两个方面展开谈判，最终选择以"最低进口义务"作为推迟关税化的代价。然而，随着"最低进口义务"中进口量的逐年增加，日本国内稻米市场还是受到了较为严重的冲击，新一轮"三量齐增"问题出现。为解决本轮"三量齐增"问题，日本政府同样采用以往的措施，一方面，积极推动"去库存"政策的实施，另一方面，大力推进稻米种植面积调减政策，1998年调减面积（95万公顷）达到历史最高值。然而，在开放条件下，原有的"去库存"措施效果有限。对此，在原有应对政策的基础上，日本于1999年实施关税化，"最低准入"进口量由基准年消费量的8%调减到7.2%，对"最低准入"范围内实施低关税，超出部分需每千克支付351日元的二次关税。而且，日

本严格控制进口稻米流向，严禁进口稻米用于主食，将其主要用作食品加工、补充库存及必要时期的国际援助等。因此，日本依靠对 WTO 规则的充分利用，基本实现了与国际大米市场的隔离。由以上分析可知，通过对农业过境保护政策的调整，日本国内大米市场面临的国际环境跟乌拉圭回合前并没有本质区别，本该出现的“三量齐增”化解为“二量（生产量和库存量）齐增”，原有的应对措施依然有效。

（二）应对“三量齐增”问题的日本经验

1. 日本应对“三量齐增”问题成功的关键

对大米品种的重点保护和支持，难免会导致“二量齐增”问题的出现。“二量齐增”问题的出现本身会对已有价格支持政策体系带来冲击，若再涉及国际市场，政策改革面临的情况将更加复杂，改革的难度也会增加。为简化改革面临的问题，日本采取了与国际市场隔离的手段，化“三量齐增”为“二量齐增”，降低了问题的复杂性，也为问题的最终解决创造了条件。

乌拉圭回合后，尽管理论上日本农业，尤其是大米产业会受到进口大米的冲击，但从现实看，最初的乌拉圭回合谈判中日本努力争取到了对本国有利的政策。后来，在不得不妥协后再次利用了 WTO 规则（尤其是关税、配额管理及非关税壁垒的设置），最终基本实现了国内大米市场与国际市场的隔离。日本国内外市场隔离的实现主要有以下几个原因：首先，日本配额外关税税率达 778%，让可自由贸易的配额外进口形同虚设；其次，针对关税为零的少量配额内稻米，日本通过配额拍卖和价格加成等方式基本实现了进口稻米与国内市场的隔离；最后，日本还通过检验检疫、产品标识制度、消费者偏好等更加隐蔽的方式保护国内大米产业[①]。此时，在隔绝国际市场的前提下，日本重点处理的只是“二量齐增”问题。与应对“三量齐增”问题相比，此时面临的问题有所减少，这也是日本能够通过政策调整克服当时困难的重要原因。

同时，日本积极推进品牌化建设，以品牌化提升竞争力。在农产品贸易中，日本建立了优良农产品认证制度，对在生产和销售过程中的农产品进行“身份”管理，并授予优良农产品标志认证，对稻米品种实行身份证制度和条形码管理。在生产环节，条形码上要标明生产者姓名、栽培过程、稻米种类、认证号码和产地等；在加工环节，加工者要标明是否是精米、加工批量及号码；在销售环节，销售者要提供产地信息备查号码。而且，日本建立了严格的监督惩戒制度，对造假者实行黑名单制，并处以100万日元至1亿日元的罚款。以上措施在一定程度上提高了进口大米的成本，同时也削减了进口大米的竞争优势。此外，为缓解日益严峻的国际压力，2005年日本出台的《粮食、农业、农村基本计划》中明确提出了推进农产品出口战略。该战略的内涵是日本可以凭借高质量农产品出口数量的增加来实现农业政策的“转守为攻”，为日本的农业发展探索出一条新的道路。

①当前日本的肯定列表制度是世界上最严苛的限量制度。日本在安全卫生方面也对进口农产品提出严格的要求和审核程序。而且，近年来日本法规中有关安全与健康标准所适用的范围越来越广，内容也越来越细。

2. 日本应对“三量齐增”问题过程中的不足

回顾历史可知，日本相对封闭的改革环境提高了“三量齐增”问题的解决效率。然而，从改革效果看，在确保稻米供给的政策目标下，日本稻米的“三量齐增”问题并没有得到真正解决。

首先，国际市场依然是日本“三量齐增”问题解决的重要客观条件。在稻米支持政策下，日本国内的“二量齐增”问题十分突出。当国际粮价上涨时，一方面可以通过出口解决高库存问题，另一方面围绕粮食问题的贸易摩擦也会减少。在该背景下，“二量齐增”问题的解决才更有效。而且，从日本历次应对“三量齐增”问题的过程看，问题的解决往往与国际粮价的上涨同步。

其次，日本应对“三量齐增”问题的成本依旧高昂。日本“三量齐增”问题的应对建立在本国粮食安全战略，即以保障大米的自给率为前提的基础上，并付出了巨大的代价。在国内，一方面需要财政补贴扶持稻米产业，另一方面需要财政补贴来解决稻米过剩问题，这种矛盾导致了双重财政压力。具体来说，仅 1983 年之前的两次稻米过剩就产生了 3 万亿日元的陈米处理费。国际上，日本国内对稻米产业的过度保护受到别国要求开放市场的压力。尤其是乌拉圭回合后，努力保护国内稻米市场的尝试也让日本在国际贸易端备受争议，更成为当时阻碍日本加入跨太平洋伙伴关系协定（TPP）的主要障碍。

最后，日本也同样面临着难以打破的改革循环，“三量齐增”问题并未从根本上得以解决。就当前来看，在农业资源禀赋不足的国家或地区，很难实现所有粮食品种的自给。此时，如果不顾国际市场供求关系及国内局限性，不仅会失去很多机会，而且可能导致国内农业资源疲惫乃至衰竭。因此，选择适合本国的粮食安全战略至关重要。日本重点选择了对大米品种的保护，在一定程度上是对本国国情粮情的正确认知。然而，集中保护某粮食品种，会改变国内农作物间的比较优势，在推动保护品种产量上升的同时加剧对非保护品种的冲击。此时，非保护品种将受到国际和国内保护品种的双重冲击，自给率直线下降，最终拉低了日本谷物的整体自给率水平；对保护品种而言，由于政策更多考虑的是供给端，无法及时与需求端保持互动调整，很容易导致供给的过剩，这也是“三量齐增”问题的根源。因此，日本稻米“三量齐增”问题与谷物自给率下降共存，解决过剩高价稻米的同时还需对国内粮食自给率过低问题给予关注。考虑到日本农业资源禀赋和粮食安全目标，至少一段时间内日本不会放弃对稻米品种的支持，这也使得日本稻米的“三量齐增”问题无法从根本上得到解决。

从对以上两类“三量齐增”问题的应对方式可知，为应对“三量齐增”问题，我国和日本的改革在生产结构调整、轮作休耕及增进消费方面更具共性，而在收储制度和对外贸易规则方面相去甚远。从作用机制看，“价补分离”改革的成功建立在玉米收储制度改革后，玉米价格断崖式下跌的基础之上。尽管在改革的同时建立了玉米生产者补贴制度，但农民收益受损及生产玉米积极性的降低也是不争的事实。日本稻米价格微调改革的成功建立在 WTO 规则下与国际市场的相对隔绝，以及在国际粮价回升的基础上。从改革结果看，随着生产的调减和消费的扩大，玉米“三量齐增”问题已不复存在。由于日本并未放松对国内稻米的支持，导致其稻米“三量齐增”问题未能从根本上得到解决。因此，面对稻谷和小麦的“三量齐增”问题，当前粮食安全战略下我国粮食流通体制改革，既不能走玉米“价补分离”式改革路线，又不能走日本稻米价格微调的保守路线。这是因为，一方面，稻谷和小麦直接关系到粮食安全，其生产受到冲击而导致自给率下降的状况不会被允许出现；另一方面，根据加入 WTO 时在农业方面的承诺，我国很难实现与国际市场的隔绝。因此，当前针对稻谷和小麦的“三量齐增”问题，我国侧重于“去库存”政策，对水稻和小麦的最低收购价改革非常谨慎，提出保留基本的政策框架，同时增加政策弹性的总体思路。

第五章

分块化改革模式
对粮食流通环节的冲击

粮食作为重要的战略性农产品，长期处于政府干预之中，也是市场化改革中的关键产品。然而，粮食产品的重要性，决定了粮食领域的改革存在渐进性、分块化特征，不能一蹴而就。粮食生产环节与消费环节直接关系到人们的利益，是改革中受到关注较多的部分。作为连接生产和消费的流通环节，其改革具有从属性，多为生产环节或消费环节的政策目标服务。

统购统销时期，整个粮食流通链处于计划经济当中，粮食流通与其他环节一样，都处于高度集中的计划经济体制当中，虽然存在效率不高等诸多问题，但并没有与生产和消费环节割裂。相反，粮食流通领域的问题，恰恰在市场化改革中表现得尤为突出。粮食安全的重要性，使粮食领域市场化改革具有分块化特征。在整个粮食流通链处于整体计划性的前提下，单环节的政策改革会产生一些意料之外的状况。

粮食领域的分块化改革造成不同环节间差异化的市场化水平。按照市场化程度划分，粮食生产、粮食流通与粮食消费的排序由高到低分别为粮食消费、粮食流通与粮食生产。作为粮食市场中相互关联的三个环节，它们面临着不同的运作机制，并造成价格传导的非充分性（武舜臣，等，2016）。而且，夹杂在市场化程度更高的消费端和计划性更高的生产端之间，粮食流通几乎处于一个纵向价格双轨制的市场当中，面临诸多困境。本章将以粮食流通中的加工业为例，从理论层面阐述分块化改革下粮食流通领域发展的尴尬境地。本章的内容，首先阐述分块化改革（分块化调整）对不同环节粮食价格的影响，再以粮食流通中的加工业为例，从理论层面分析当面临上下游价格差异时，粮食加工企业的福利变化及其策略。

第一节

改革的非对称性与粮食价格倒挂

无论是计划经济时期，还是粮食流通体制市场化改革时期，对粮食流通不同环节的政府干预总会导致整个系统短期内的不适应，以及长期内的再调整。本节以粮食流通过程中多次出现的价格倒挂现象为研究对象，考察单环节调整或改革后导致上下游价格差异现象。作为一种价格形成机制及由价格传导不畅导致的价格异常表现，价格倒挂现象的存在往往干扰着粮食市场不同主体间的利益分配，导致一定程度的市场扭曲。

一、粮食价格倒挂现象的定义及分类

目前，粮食价格倒挂尽管作为一种问题常见于书刊，但针对粮食价格倒挂现象的准确定义依旧没有形成。曾才生（2008）分析成品油时提及的“价格倒挂”定义及相对成熟的农产品比价定义，能为粮食价格倒挂的定义提供参考。概括来说，粮食价格倒挂现象指粮食作为商品在流通环节或产销地区间出现的价格反常现象，表现为同一状态的某品种粮食产品销售价格低于购进价格或不同状态的某品种粮食产品销售价格和购进价格比低于某一临界值。根据作比的同一粮食品种状态差异，现将粮食价格倒挂现象的两种表现形式具体分析如下：

1. 同一粮食品种相同状态间的价格倒挂，即同种原粮或同种成品粮有着不同的价格，属于绝对倒挂。这一层次的价格倒挂又可分为两类，第一类是政策分割带来的粮食价格倒挂，主要倒挂对象为原粮。自1993 年我国放开粮食销售市场后，粮食倒挂问题主要源于对粮食的政策性收购。当然，此时市场价和政策价之间的差异也常常被认为是价格倒挂，并得到部分学者的关注（张开华，1998）。具体来讲，从 1978 年政府放开粮食集贸市场开始，我国粮食政策价类型从统购价、订购价到托市收购价逐步发展，不同类型的政策价也不断被拿来与市场价进行比较。第二类是区域分割带来的粮食价格倒挂。国家间、地区间不同的贸易政策，使市场分割也成为形成价格倒挂现象的重要原因。

2. 同一粮食品种不同状态间的价格倒挂，主要表现为不同流通环节间原粮与成品粮之间的价格倒挂。该种价格倒挂也是现阶段主要的价格倒挂形式，即以某比价为标准，对某品种粮食的成本收益比做出判断，属于相对倒挂。在计划经济时期，该类型倒挂是政府价格政策的一种，对相关产业的影响并不明显。然而，随着我国粮食市场的逐步开放，价格倒挂压力的影响不再局限于财政支出方面，而扩大至粮食流通中间环节的加工、运输、储备等领域，对整个粮食流通链条带来巨大冲击（赵霞，2014）。

价格倒挂作为一种扭曲的价格传导现象，其产生与政策干预息息相关（辛毅，李宁，2015）。伴随着粮食市场化改革的逐步推进，国内粮食价格倒挂由以第一种表现形式为主向以第二种表现形式为主过渡，当前出现的粮食价格倒挂现象更多地表现为同一粮食品种不同状态间的价格倒挂。因此，从该类型出发对我国当前粮食价格倒挂现象进行判断更具现实意义。

二、当前原粮、成品粮价格倒挂的事实判断

要对当前粮食价格倒挂基本事实做出判断，需要先找到成品粮原粮比价的临界值。现有文献中该临界值的选取多来自行业经验，如按照稻谷出米率 60% 计算①，大米与稻谷的价格比至少达到 1.67:1 才能有收益，而小麦出粉率一般在 70%~85%，按照 75% 的出粉率计算，面粉与小麦的价格比至少要超过 1.33:1。因此，下文将在测算成品粮原粮比价的基础上，采用行业临界值对当前粮食价格倒挂事实做出判断。近年来，分品种成品粮与原粮价格比变动见图 5－1 和图 5－2。

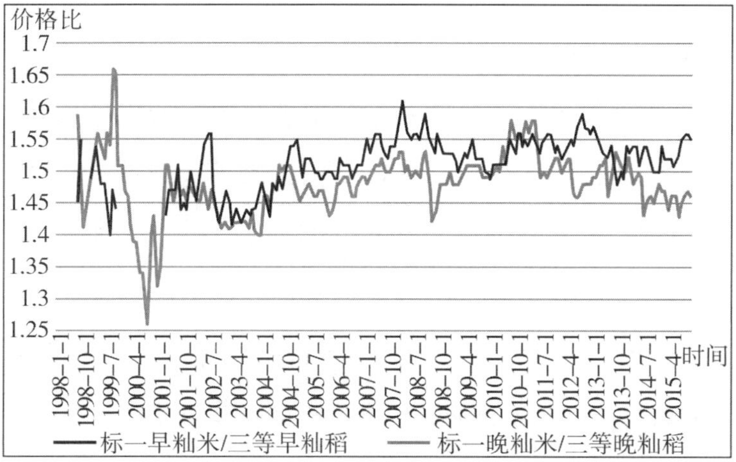

图 5－1　分品种成品粮与原粮价格比变动（一）

数据来源：中华粮网

①由于国内稻谷过度加工程度较高，故出米率一直处于较低水平，平均出米率一直在 60% 左右。据《粮油加工统计资料 2015》统计，在 2013 年和 2014 年，全国平均出米率仅为 64.5% 和 63.5%。

图 5 - 2　分品种成品粮与原粮价格比变动（二）

数据来源：中华粮网

从图 5 - 1 能够看出，多数月份，籼米与籼稻的价格比处于 1. 6∶1 以下。从图 5 - 2 中能够看出，2008 年 10 月之前多数月份，标一晚粳米与二等粳稻的价格比高于1. 6∶1，但是从 10 月之后，二者的价格比低于 1. 5∶1，价格倒挂现象明显。从图 5 - 2 中特一级小麦粉与三等白小麦价格比走势看，2012—2014 年，多次出现价格比低于 1. 33∶1 的月份。因此，从经验数据能够初步推断，粮食价格倒挂现象确实存在，但在大多数情况下是一种短期现象。

此外，部分学者在描述“稻强米弱”“麦强面弱”这类价格倒挂时，也曾采用原粮与成品粮价格增幅比作为判断依据。本节也借鉴该方法对价格倒挂现象进行考察。这里主要采用年度数据（来自月度数据的年度平均值）计算价格增幅比，最终结果见图 5 - 3。

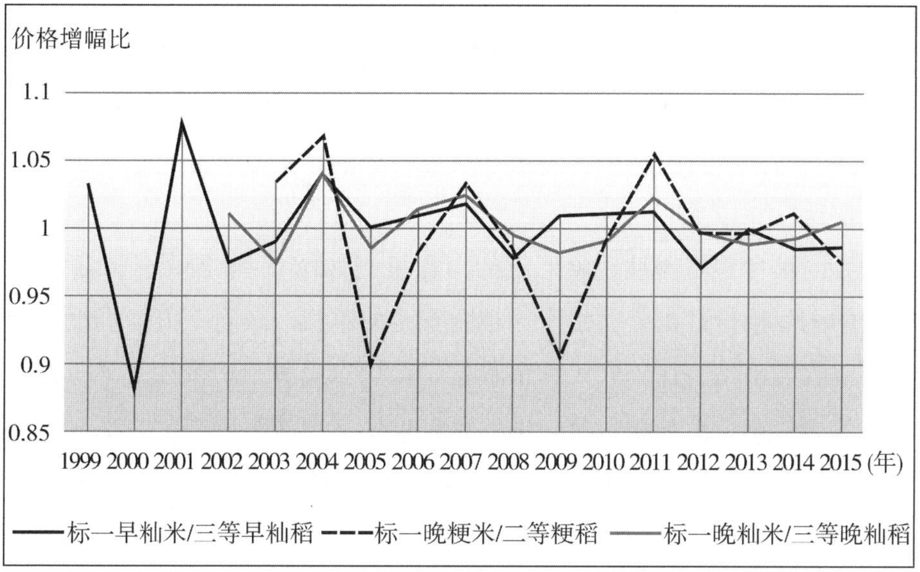

图 5 – 3　分品种原粮与成品粮价格增幅比

数据来源：中华粮网

根据价格增幅比的衡量习惯，当价格增幅比大于 1 时，则不存在价格倒挂现象；当价格增幅比小于 1 时，则存在价格倒挂现象。从图 5 – 3 中能够看到，除标一晚籼米与三等晚籼稻外，其余品种的价格增幅比波动明显，部分年份存在较为严重的价格倒挂现象，如 2000 年的标一早籼米与三等早籼稻、2005 年的标一晚粳米与二等粳稻，增幅比都低于或接近 0. 9。

三、机制与过往：分块化干预与粮食价格倒挂

一般意义上，产业链上的价格传递能够表达出产品的供需变动和宏观经济的冲击效果。完善的市场经济条件下，成本推动型价格传导机制能够使上游商品和服务价格变化通过成本引起下游价格的相应变化。当然，由于市场机制不健全或产品自身的特殊性，价格传导也可能有一定

的时滞性，造成暂时性的价格传导不畅（王芳，陈俊安，2009）。考虑到经营目的或短期冲击的影响，关联市场间偶然的价格倒挂现象也有其合理性（曾才生，2008）。然而，与市场化条件下价格倒挂现象的产生不同，我国的粮食价格倒挂现象是政策引导的结果，因此也更具长期性与破坏性。

我国粮食价格倒挂现象形成的内在机制如图5－4所示。除了难以控制的国际粮价冲击外，出于对粮食安全的重视，政府一方面会设法抬高原粮收购价格，保障农民种粮收益，保护农民种粮积极性；另一方面则通过储备调节成品粮价格，削弱粮食价格对消费端的冲击。在以上目标的指引下，“稻强米弱”“麦强面弱”等价格倒挂现象的产生有其必然性，而价格倒挂现象的产生甚至可以对政策的有效性提供现实支撑。

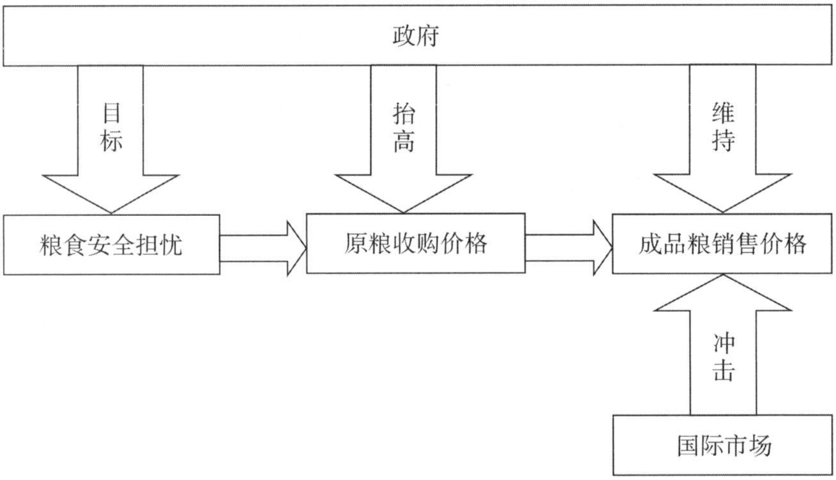

图5－4　粮食价格倒挂现象形成的内在机制

无论是“统购统销”时期还是“双轨制”时期，我国粮食价格倒挂现象不但多次出现，而且每次都能持续较长时间。并且，我国历史上粮食价格倒挂问题的产生与解决，都存在明显的共性：每次粮价倒挂现象都起始于粮食生产的不足，结束于政策不堪重负下粮食流通层面的改革（陶昌盛，2004）。从最近几年出现的粮食价格倒挂现象看，问题产生来源未变，但其解决方式产生的影响却有了根本性的不同。本章将对历史上出现的两次粮食价格倒挂现象的产生原因、影响、对策及结果进行梳理，尝试为当前粮食价格倒挂问题的解决寻找思路。

我国在“统购统销”时期出现了第一次粮食价格倒挂现象。从1959年开始，我国粮食生产量大幅度下降，粮食分配越来越困难。为应对特殊局面，实现粮食供求平衡，政府一方面强化了统购统销管理体制，加强了集中统一管理；另一方面调整粮食价格，鼓励粮食生产。其中，粮食价格调整主要是对统购价格的调整：1958—1965年，国家先后四次提高了粮食统购价格，1965年粮食统购价格比1957年平均提高了35%。在统购价格多次提高的同时，统销价格却未发生变动，这直接导致了统购价和统销价差的缩小，乃至价格倒挂现象的形成[①]。

在完全计划经济体制下，当时的粮食价格倒挂现象在不影响城镇职工生活和工业生产的基础上，对提高农民种粮的积极性起到了一定的积极作用。然而，此时的倒挂差额完全由财政负担，这也给政府带来了巨大的财政压力。为解决财政负担问题，政府采取了两次销价调整，使得粮食购销价格持平。1963年第一次销价调整，先把农村粮食购销价格拉平，随后把城乡工商行业所用的粮食价格也提高到购价同等水平；1965年第二次销价调整是在将城镇粮食销价提高到与购价持平的基础上，对城镇职工实行粮价补贴。至此，1965年粮食统销价格比1957年平均提高9.6%，基本解决了粮食价格倒挂问题，第一轮粮食价格倒挂结束（张培刚，等，2002）。

“双轨制”时期出现了第二次粮食价格倒挂现象。关于粮食价格

①随着统购价格的逐年提高，第三次（1961年）统购价格提高后形成了第一次价格倒挂现象。

“双轨制”的起止时间，学术界如今仍未有统一的标准。根据陈锡文（1993）的论述，我国的粮食“双轨制”历来就有，只是计划外市场定价部分的数量不同而已。本书采用刘传江（2000）等学者的划分方法，将1979年定为我国粮食“双轨制”的起始年份，进而将1979年出现的粮食价格倒挂现象归于该时期。具体来说，从1979年开始，为解决我国长期以来的粮食生产量徘徊问题，缩小工农业产品剪刀差，鼓励农民发展粮食生产，政府大幅度提高了粮食收购价格。1979年，粮食统购价格从夏粮上市时起提高了20%，超购部分在统购价格的基础上加价幅度由原来的30%调整为50%，销价仍然不动。此时，第二次粮食价格倒挂现象开始出现。

从政策效果看，第二次粮价倒挂是促进1978—1984年粮食产量快速增长的重要因素。然而，与统购统销时期的价格倒挂问题相同，此次价格倒挂问题同样伴随着巨大的财政负担。官方统计数据显示，价格补贴总额从1978年的94亿（占国家预算的8.4%）增加到1984年的370亿（占国家预算24.6%），而且，财政负担又一次推动了新的粮食流通体制改革。从具体措施看，一方面，废除了统购而采用合同定购，1984年，仅政府超额收购粮食数量就达到1亿吨，1985年政府通过合同收购的粮食数量不到8000万吨（柯炳生，1998），减少的粮食收购量极大地减轻了政府的财政负担；另一方面，合同价格使政府向农民支付的边际价格下降了9.2%。此外，在粮食统销方面，1985年，政府把农村粮食销售价格调整到比例收购价，实行购销同价（张培刚，等，2002）。

然而，此时的粮食价格倒挂问题并未得到根本解决。而且，伴随着粮食的减产和新一轮粮食价格政策的制定，粮食价格倒挂现象带来的财政负担问题变得更为严重。1988年，我国粮食严重减产，市场粮食价格上升。为解决粮食生产问题，国家大幅度提高了粮食合同定购价格，提高了粮食购销倒挂补贴，加大了粮食流通改革的力度。与第一轮粮食价格倒挂问题的解决方式类似，本轮粮食价格倒挂问题最终也随着粮食销售价格的提高而得到解决。继 1991 年部分地区粮食销售价格提高后，1992 年 4 月 1 日，全国实现了“购销同价”，解决了购销价格倒挂现象下粮食收购带来的巨额财政负担问题。至此，第二轮粮食价格倒挂问题也得到解决。

四、开放条件增加应对价格倒挂问题的复杂性

市场化改革过程中，粮食价格倒挂问题主要产生于粮食安全非平衡目标下的条块分割化改革。从整个粮食产业链看，上游市场的政策市和下游市场的市场市是导致粮食价格传导不畅，最终形成粮食价格倒挂问题的根源（黄汉权，2014）。只有对全产业链进行市场化改革，才能将计划与市场相交织的产业链改造为市场对资源配置起决定性作用的产业链（范必，2014）。粮食产业链上游收购端的市场化改革从未停止，这从粮食收购端价格名称的改变也可以看出。统购价、超购价、议购价、合同定购价、国家定购价、保护价、最低收购价以及现今试点中的目标价，每一种价格类型的产生，都伴随着粮食价格制度的调整。而且，加入 WTO 后，仅疏通国内流通链已不足以完全破解粮食价格倒挂难题。现阶段粮食价格倒挂问题的解决，是一个涉及降低生产成本、充分利用贸易规则以及流通体制改革等多方面的系统性工程。

2008—2015 年出现的价格倒挂现象，便可支撑以上论点。1998—2004 年，在取消粮食保护价和调整农业结构措施的共同作用下，粮食播种面积和产量分别由 1998 年的 113787. 4 千公顷和 51229. 5 万吨下降到 2003 年的 99410. 4 千公顷和 43069. 5 万吨。对此，出于对粮食生产安全的考虑，政府不得不再次强化粮食生产端的政策扶持，具体表现为

部分已被粮食直接补贴政策取代保护价的省份，再次采用以最低收购价和临储政策为代表的价格支持政策。由此，产业链上游的计划性再次得到加强，这也成为当前粮食价格倒挂现象产生的背景（D. 盖尔·约翰逊，2004）。

2004 年以来，尤其是 2008 年国际粮食危机之后[①]，国际粮食价格疲软，国内外粮食差价逐年拉大，在低价进口粮的冲击下，国内粮食价格倒挂问题突出，对整个粮食产业链造成巨大冲击，粮食市场呈现“三量齐增”现象，政府财政紧张。与 2004 年之前的粮食政策改革类似，粮食收购端市场化改革被提上议程，我国一度出现了大豆、棉花的目标价格制度改革，以及玉米的“市场定价、价补分离”改革[②]。然而，在开放环境下，粮食价格倒挂问题的解决，却得益于国际粮价的提高。如何掌握解决国内粮食价格传导不畅通问题的主动权成为学术界需要研究的重要课题。

①2004 年全面实施稻谷最低收购价，2006 年实施小麦最低收购价。由于原粮市场价格较高，最低收购价政策多年未实施，粮食价格倒挂现象存在，但程度不严重，并未得到广泛关注。

②2017 年国家在东北三省和内蒙古自治区调整大豆目标价格政策，实行市场化收购加补贴机制。

第二节

粮食加工业例证倒挂的粮食价格及其影响

一、粮食加工业的含义及其在粮食流通中的地位

粮食加工是指通过加工处理将原粮转化为成品粮、半成品粮、食品、饲料及其他非食用产品的活动①。粮食加工业则是以粮食加工为主营业务的一类工业企业的统称，一般包括稻谷加工业、小麦加工业、玉米加工业、薯类加工业、大豆食品加工业、杂粮加工业、传统主食品加工业、饲料加工业以及粮机装备制造业。粮食加工业是粮食流通中唯一的制造业部分，更是联系第一产业和第三产业、生产和消费的关键环节（黄汉权，2012）。考虑到多数粮食产品的原始形态并不适合消费者直接消费，加工便成为粮食产品流通过程的主要环节（钟甫宁，2011）。作为粮食流通中唯一的制造业部分，粮食加工业更是粮食再生产过程的重要环节和基础性行业，是提升粮食产品附加值的重要中间环节。

①此概念来自《粮食加工业发展规划（2011—2020）》。

为进一步考察粮食加工业面临的流通环境，本节以粮食加工业为关键点，考察粮食由供给到消费转移的整个流程（见图 5－5）。从粮食加工业的上游环节看，原粮有三个来源渠道：农户直接出售、政府轮换及外来粮；从下游环节看，经加工环节后的原粮变为成品粮，将与进口成品粮一起，作为粮食供给方出现在消费市场上。

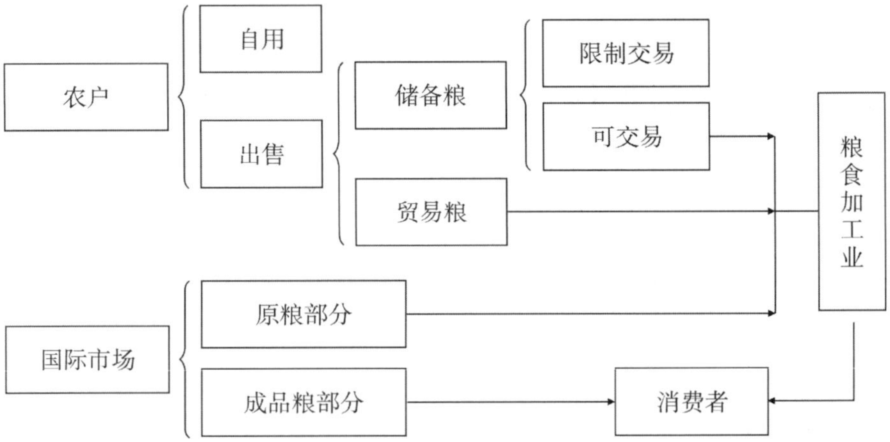

图 5－5　粮食由供给到消费转移的整个流程

粮食加工业面临流通环境的复杂性更凸显了其在粮食流通中的重要性。考虑到国内多数农户的粮食生产活动以兼业为主，自用部分不再成为商品而自动从流通中扣除，剩余成为商品的粮食进入加工企业有两个渠道：一是加工业直接收购；二是通过储备粮轮换得到。收购端的粮食流通体制改革就是逐步增加贸易粮部分而降低储备粮部分的过程。然而，正如前文中提到的那样，粮食流通改革存在反复性，收购端改革也是如此。其中，1998 年的粮食改革政策，再次剥夺了粮食加工企业的市场收购主体地位。而 2001 年全国粮食会议上提出的“放开销区、保护产区、省长负责、加强调控”的粮改新思路，则重新让粮食流通改革迈上市场化轨道，同时，贸易粮部分占比也开始逐年回升。然而，在托市政策价格刚性和国际粮价波动频繁的背景下，一旦产生国内外粮食价格倒挂问题，“国内粮食入库、进口粮食入市”的现象就不能避免。

当存在国际市场时，国内的粮食加工业面临的流通环境将更加复杂。一方面，原粮供给侧增加了一条来源渠道——进口原粮，而且由于粮食进口分配方面的政策性特征，原粮进口的数量、结构及分配情况将对粮食加工业带来直接影响；另一方面，大量进口的成品粮抢占了国内成品粮的消费市场份额，直接影响着粮食加工业的需求环境。

二、双重挤压下的粮食加工业福利及行为变化

（一）双重价格扭曲及其对粮食加工业的影响机制

粮食托市收购政策实质上是一种价格支持政策，其基本原理是先规定一个政策价格，如果市场价格高于这个政策价格，政府则对市场活动不干预；如果市场价格低于这个政策价格，政府则以最终消费者的身份出面按保证价格实行敞开收购，从而使市场价格不会降低到政策价格水平。因此，从原粮收购市场看，原粮价格包含更多的政策因素，该领域的价格不是由市场供求决定的，而是国家托市收购政策下的结果。因此，作为原粮市场直接消费者的粮食加工企业，其面临的上游原料价格不是由市场决定的，其形成机制为政策定价，包含计划性，因此，托市收购政策的存在会导致流通环节的福利向粮食生产过程转移。

从粮食加工企业的下游主体看，目前与粮食加工企业对接的主要有批发商和零售商。由于市场上存在大量的这一类流通主体，因此从一定

意义上可以认为粮食加工企业面临的下游主体市场是一个完全竞争市场①。

从上文的分析可以得出，粮食加工企业面临的上游价格是由国家最低收购价支持而形成的“计划价”，下游价格则是批发商或零售商在竞争市场中形成的“市场价”。因此，粮食加工企业面临的市场环境存在特殊性，这种市场环境类似于纵向价格双轨制市场。纵向价格双轨制由于立（1994）提出，指的是同一产品存在两种价格机制，一种是计划内国家定价，一种是计划外市场定价。从目前的政府价格干预方面看，原有意义上的价格双轨制现象逐渐减少，但流通中某环节进行控制的纵向价格双轨制现象却较为普遍。

根据于立（2008）的分析，纵向价格双轨制也可分为两类：第一类是上游计划价、下游市场价；第二类是上游市场价、下游计划价。粮食加工企业面临的上下游定价类型属于前者。假定下游的市场价是一种有效定价，那么上游计划价的变动将改变粮食加工企业的产量选择和福利情况。

粮食托市收购政策的最低限价性质决定了该政策的存在会使最终价格不低于市场价格，在封闭条件下，粮食加工企业在原粮市场上福利减少，对原粮的需求降低；成品粮市场上，粮食加工企业供给减少，相应的福利也会减少。而在开放条件下，当国外粮食价格高于国内粮食价格时，不存在低价粮冲击，国内加工企业的福利变动与封闭条件下的情况类似。当国外粮食价格低于国内粮食价格时，低价进口粮的冲击会使国内粮食加工企业的福利进一步减少。

①由于该分析中，粮食加工企业面临的直接对象并非消费者，因此对国家在终端粮食产品价格方面的行政性限价不予考虑。尽管最终价格管制会传导到批发零售环节，但该处做近似处理。

因此，与完全市场条件不同，粮食流通过程中定价机制的差异性会影响粮食加工企业的福利状况，使我国粮食加工企业生存环境恶化。

（二）双重价格扭曲下的粮食加工企业行为选择

在完全市场条件下，粮食加工企业无论是在要素（原粮）市场还是在产品（成品粮）市场都能实现均衡，达到一种高效率的配置状态，实现市场出清。政策的制定和实施，往往是为了弥补市场失灵导致的市场损失。然而，由于粮食商品的特殊性，如果粮食供给不足，粮食商品则会转变成“生命资源”，对经济社会产生巨大冲击。因此，对粮食问题设定的政策目标，不仅要考虑经济效益，而且要兼顾社会效益。

国家粮食托市收购政策的基本目标是保护农民种粮的积极性，维护国家粮食安全。因此，国家粮食托市收购政策更具有惠农性，其目的在于在粮食生产方面吸引更多资源。粮食加工企业作为粮食生产的下游产业，其福利及生产选择会间接受到粮食托市收购政策的影响。

此外，从上节的研究框架可知，可将粮食加工业下游的产品（成品粮）市场看作完全竞争市场，其竞争是完全的，配置是有效的。面对迥然不同的上下游市场定价机制，粮食加工企业福利及产量选择则更为复杂。此外，粮食对外贸易是我国粮食安全的重要补充。下文将以封闭条件下的粮食加工企业福利分析为基础，进一步加入国际贸易因素，探索目前“国内外粮价倒挂”现象对粮食加工企业福利及产量选择的影响。

在封闭条件下，不存在粮食对外贸易，粮食加工企业在上下游两个市场的福利变化及产量选择见图5－6和图5－7。图5－6是在粮食托市收购政策下原粮市场的供求情况，其中 P 代表价格，Q 代表数量，d 和 s 分别为国内原粮需求曲线和供给曲线。在原粮市场上，粮食加工企业属于消费者，其福利效应表现为消费者剩余的变动。当市场处于自由竞争状态时，供需均衡点为 E，此时供求相等，为 Q_e，市场均衡价格为 P_e，消费者剩余对应三角形 AP_eE 的面积。假定在粮食托市收购政策下，政策指导价高于均衡价格水平，设为 P_1，此时，粮食供求出现缺口，缺口量为 Q_2-Q_1，缺口部分由国家以最终消费者的身份敞开收购。作为另一类最终消费者的粮食加工企业，其福利则变为三角形 AP_1B 的面积，比均衡状态减少了梯形 P_1P_eEB 的面积，粮食加工企业的原粮需求量则由原来的 Q_e 下降到 Q_1。

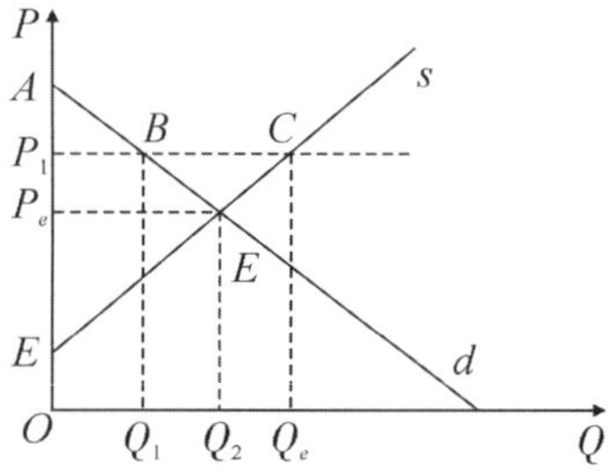

图 5-6　封闭条件下原粮市场中加工企业的福利变化与产量选择

在成品粮市场，粮食加工企业担任生产者角色，其福利水平由生产者剩余衡量，具体分析见图 5-7。其中，d 和 s 分别为国内成品粮需求曲线和供给曲线，其市场出清点对应产量为 Q_e，价格为 P_e，此时的生产者剩余为三角形 P_eEF 的面积。考虑到在原粮市场上粮食加工企业的原粮需求量下降，反映在成品粮市场则是粮食供给曲线的左移，由 s 左移到 s_1 位置。此时，完全市场下的供求均衡点由 E 点移动到 B 点，均衡点处的产量为 Q_1，价格为 P_1。供给曲线发生移动后，生产者剩余的变化取决于新剩余三角形 P_1BC 的面积与原剩余三角形面积的大小。显然，新三角形的面积小于原三角形 P_eEF 的面积。因此，在成品粮市场上，粮食加工企业同样存在福利的损失。

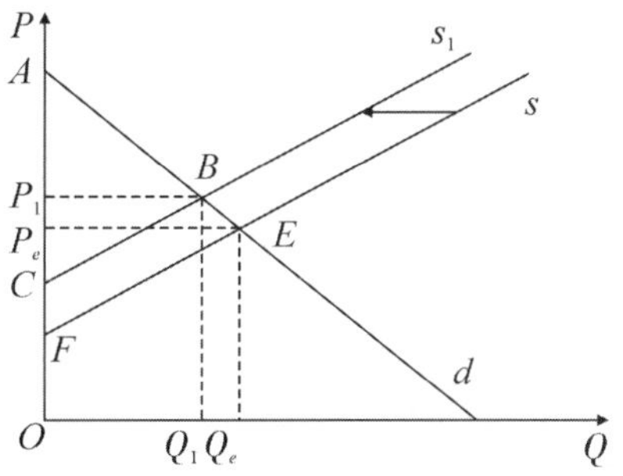

图 5－7　封闭条件下成品粮市场中加工企业的福利变化与产量选择

开放条件下，国家可以通过对外贸易调节粮食供求。在国外粮食价格高于国内粮食价格时，粮食加工企业的福利变化与封闭条件下类似，这里不做赘述。当国外粮食价格低于国内粮食价格时，粮食加工企业的福利具有新的特征。由于国家粮食进口结构中包含原粮与成品粮，故粮食进口能够同时影响粮食加工企业所面临的两个市场。与封闭条件下的分析类似，这里也先从原粮市场入手对粮食加工企业进行分析。在低价进口粮的冲击下，对粮食加工企业的福利分析将变得更为复杂，下文采用三阶段分析法对其进行分析。

第一阶段分析原粮市场。与图 5－6 类似，图 5－8 中 d 和 s 分别为国内原粮需求曲线和供给曲线，但该处的成品粮供给是净出口条件下的国内净供给量，需求依然来自国内粮食加工企业，原粮市场出清点对应产量为 Q_e，价格为 P_e。引入政策效应后，粮食托市收购政策抬高了原粮价格，由 P_e 上升至 P_1。作为消费者的粮食加工企业，其消费者剩余由原来的三角形 AP_eM 的面积缩小到三角形 AP_1F 的面积，净福利损失为梯形 P_1P_eMF。此外，粮食加工企业对原粮需求量下降，由原来均衡点处的 Q_e 下降到 Q_2。

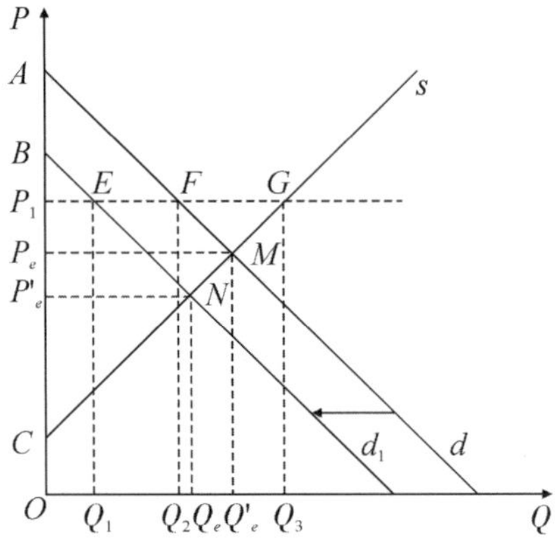

图 5－8 开放条件下原粮市场中加工企业的福利变化与产量选择

第二阶段分析成品粮市场。由于低价进口成品粮的存在，进口粮拉低了国内成品粮市场价格①，国内粮食加工企业面临的成品粮价格比封闭条件下更低。截至目前，我国进口粮占粮食总产量依然较低，2013 年三大谷物进口量不到总产量的 3%，粮食进口的杠杆效应明显，粮食加工企业福利被不断压缩，具体分析见图 5－9。

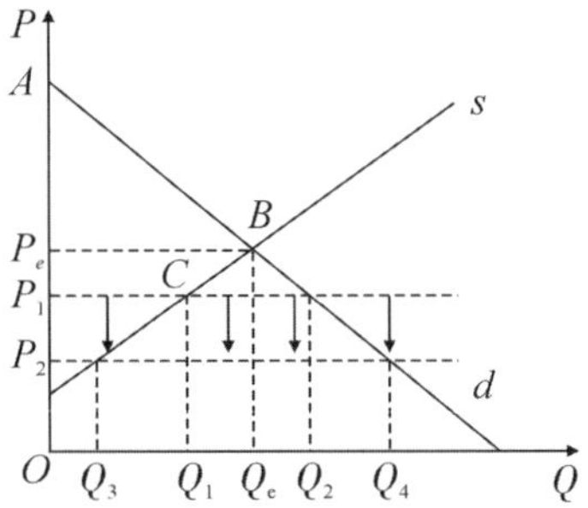

图 5－9 开放条件下成品粮市场中加工企业的福利变化与产量选择

通过分析图 5－9 可知，在封闭条件下，自由市场条件下成品粮市场的均衡点为 B（Q_e，P_e），如果考虑到低价进口粮，粮食加工企业面

①国内部分企业将低价进口米按一定比例与国产米进行勾兑，因其产品的市场区分度不高，故此处假设有一定现实依据。

临的价格则会下降，由 P_e 下降到 P_1，此时，粮食加工企业的生产者剩余下降，成品粮供给量下降。为弥补需求缺口，将会有更多的低价进口成品粮进入国内市场，国内成品粮价格被拉低，由 P_1 下降到 P_2，粮食加工企业的福利被压缩，成品粮供给也进一步萎缩，这将继续拉大需求缺口，从而导致成品粮进口需求的增加。因此，粮食进口的杠杆效应就体现在这样一种循环机制中，表现为国内粮食加工企业的福利被不断挤压、产量不断减少和低价进口成品粮不断增加的循环过程①。

第三阶段再次分析原粮市场（见图 5－8）。粮食加工企业成品粮供给量下降，对原粮的需求也会相应降低，表现为原粮市场上需求曲线左移，粮食加工企业在原粮市场上的福利被进一步压缩。原粮市场上需求曲线由原来的 d 左移到 d_1 位置。在粮食托市收购政策下，作为消费者的粮食加工企业福利被进一步压缩，最终的剩余部分仅为小三角形 BP_1E 的面积。

从以上分析可以看出，在存在粮食托市收购政策和国内外粮价倒挂现象的背景下，粮食加工企业福利和生产都受到巨大冲击。粮食托市收购政策的市场扭曲，对作为流通环节的粮食加工企业影响更为明显，使粮食加工企业成为福利再分配的利益流失方。尽管部分学者提出这种扭曲可能会倒逼粮食加工企业调整结构，促使其做大做强，但是，在粮食托市收购政策下，粮食加工企业面对的市场本身就是扭曲的，其行为选择跟一般自由市场相比也自然存在异质性。

---

①这种循环过程直到国内外粮价相平衡时才会终止，途径主要有两条：一条是当某一品种粮食进口数量达到 WTO 关税配额时，高额关税附加到进口成品粮上，提高进口粮到岸价格；另一条是国内粮食生产或加工效率提高，国内成品粮价格下降到进口粮到岸水平。

三、粮食加工企业理论结果的现实验证

（一）粮食加工企业的产能过剩

国际上，产能利用率是考察产能过剩的重要指标。美联储公布数据显示，工业产能利用率在81%及以上时，为正常的“产能过剩”，低于81%时，为较严重的产能过剩。2008—2012年我国主要品种粮食加工业产能利用率变动情况如表5-1所示。从表中可以看出，我国主要粮食品种加工业产能利用率存在较大差异。2008年以来，大米加工业产能平均利用率约为45%，油料处理产能利用率为50%~60%，小麦粉加工业产能利用率在2010年达到70.3%，整体高于油料处理产能利用率，油脂精炼方面的产能利用率波动更大，2010年最低，为48.5%；2009年最高，为71%。

表5-1　2008—2012年我国主要品种粮食加工业产能利用率（%）

年份	大米加工业	小麦粉加工业	油料处理	油脂精炼
2008	46.2	67.6	52	70.7
2009	44.4	67.2	51.2	71
2010	45.6	70.3	59.2	48.5
2011	44.9	64.7	57.3	60.9
2012	44.5	64	52.8	52.6

数据来源：根据《中国粮食年鉴》及相关政府报告，作者整理得到。

如果以美联储公布的数据为衡量标准，就能够发现我国主要品种粮食加工企业产能过剩问题突出，这与目前国内学者的观点一致。然而，与完全市场下产能过剩的原因不同，根据已有研究，信息不对称与政府干预是导致我国主要品种粮食加工企业产能过剩的根源。此外，陈建奇

(2013) 在已有研究的基础上引入国际视角，进一步对我国产能过剩问题的形成原因进行探究。

从前文分析可以看到，粮食加工企业产能过剩的原因可以归结为以下三点：第一，信息不对称带来的“潮涌现象”。按企业规模分，小型企业（日加工规模在 200 吨以下）占企业总数比重较大（2010 年与 2011 年分别为 73.5% 和 71.7%）。由于小企业信息获取能力有限，信息不对称导致的过度竞争问题严重，现有粮食加工企业产能过剩与新企业新产能不断增加的情况并存。第二，政府的干预。在粮食托市收购政策下，粮食加工企业的原粮需求量和成品粮供给量低于完全市场状态，短期内部分产能无法退出市场，加重了产能过剩。第三，从国际视角分析，在国内外粮食价格倒挂的背景下，即便国内消费者对成品粮有足够的消费需求，但该部分需求被国外低价进口粮取代，同样会带来国内粮食加工企业的产能利用率不足的问题。

（二）粮食纵向一体化动机转换

纵向一体化指企业将生产与原料供应或者生产与产品销售联合在一起。一般认为，农业生产具有弱质性和外部性，其收益低于社会平均水平；粮食加工业属于工业企业，其收益高于农业生产。实现粮食生产和流通加工的纵向合作可以使农民进入产业链，并分享粮食加工和流通带来的利益。因此，国家积极推进农业产业一体化经营，努力打造“流通企业 + 加工企业 + 农民合作经济组织 + 农户（农场）”的合作机制，试图以此提高农民收入。然而，从目前国内粮食加工业的后向一体化行为来看，其动机有了新的含义。陈志成（2010）在针对粮食加工企业发展战略的建议中，提出争取原料储备以获取国家补贴政策支持。可见，国家粮食托市收购政策带来的政策红利已经改变了原有的经济资源分配结构，加工企业的后向一体化行为并不能带给农民太多收益。

第六章

流通体制改革曲折性成因例证：“98 粮改”[1]

---

①原文名为《收储制度市场化改革与企业全要素生产率提升——基于“98 粮改”下稻米加工业企业数据的考察》，发表在《江苏大学学报（社会科学版）》2021 年第 3 期，此次出版有少许改动和更新。

在对流通领域逆市场化改革现实进行梳理的基础上，上一章对逆市场化改革成因进行了探析。研究认为，国家高度重视粮食安全，且对部分安全指标过度敏感，由此导致了对粮食安全保障成本的不敏感。市场机制可提供更有效、成本更低的粮食安全保障路径，却不足以保证国内的粮食自给率及粮食价格的绝对稳定。此外，在重粮食生产轻粮食流通、重粮食收购轻粮食加工、重粮食储备轻粮食市场的认知下，一旦出现生产问题或者价格波动，政府将第一时间加大对流通环节的政策干预，粮食加工业更是如此。本章将以稻米加工业为例，考察“98粮改”期间的政策转向原因，以验证以上论断。

第一节

“98 粮改”的背景与改革路径

一、“98 粮改”前的粮情背景

1994 年以后，降温的宏观经济和稳定的粮食收购价极大地刺激了粮食生产，1995 年和 1996 年粮食连续两年丰产，却因当时的粮食收储制度出现新的问题，导致原有的国有企业亏损挂账和政府财政负担问题更加严重，改革粮食流通体制的呼声也日渐高涨。

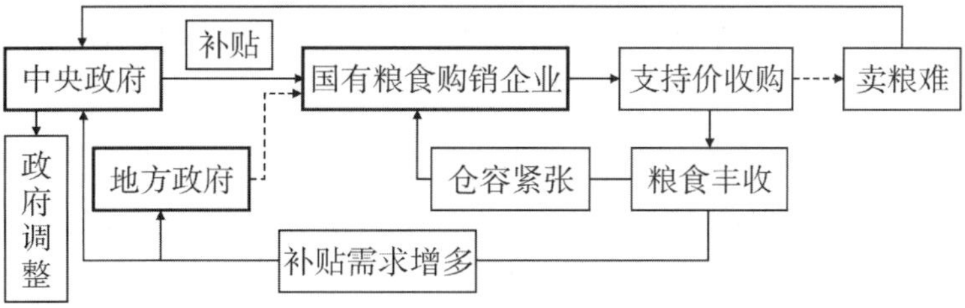

图 6－1　“98 粮改”前的现实背景及问题逻辑

【注】主体用加粗方框示意。

为支持粮食生产，中央分别在1994年和1996年两次提高粮食定购价格，提价幅度均在40%以上。而且，中央及地方财政对粮油产业提供了包括专储粮保管费用、粮食风险基金投入及国有粮食企业亏损挂账利息等。在政策的刺激下，农民的生产积极性提高，出现了1994—1996年的三年增产，以及粮食市场价格的下跌。双轨制情形下，一旦出现市场价低于政策价（包括收购价和保护价），敞开收购必然意味着粮食部门的巨大亏损。1998年8月结束的国家审计署第一轮审计结果显示，1992—1998年，整个粮食系统财务挂账中亏损挂账高达1200余亿元，挤占、挪用专项资金约800亿元。与此同时，政府财政补贴支出也迅速增加。1996年，中央财政对粮油补贴已高达210亿元，地方政府尤其是主产区政府财政负担更重。在1995年和1996年的增产及不合理进出口政策的影响下，市场粮食供给量大增，市场价和政策价的价差日趋拉大，购销企业亏损挂账严重，政府补贴压力也逐年增大。在分税制背景下，地方政府出现补贴困难，部分地区开始出现财政断供，扩大的亏损额和有限的仓容导致“打白条”现象频现，农民面临“卖粮难”问题。此时，“卖粮难”、粮食部门亏损和对应的财政支出压力共同作用于中央政府，倒逼粮食政策改革。

面对当时的粮情，主要有两种改革思路：一是坚持新古典理论，打破“双轨制”，完全放开粮食市场①，这也是1996年决策层的主要观点②；二是对市场化持保留甚至反对的态度，继续坚持“双轨制”。最

①1997年12月底召开的“中国农业专家论坛”的主流观点明确认为市场价格应当在粮食购销体系中发挥基础作用。

②1996年10月13日至14日国务院召开部分地区粮食工作座谈会，会上提出深化粮食流通体制改革的基本思路是“四分开，一并轨”，即政企分开、储备和经营分开、中央和地方责任分开、新老财务账目分开和价格并轨。该思路与“中国农业专家论坛”中的主流观点具有高度一致性。

终，决策层选择了与学术界完全相反的改革路径。1997 年 8 月 6 日，国务院发布了《国务院关于按保护价敞开收购议购粮的通知》，要求国有粮食企业按照粮食保护价敞开收购农民余粮。自此，“98 粮改”的序幕正式拉开。

二、“98 粮改”的具体内容与改革路径

从改革方向看，“98 粮改”大致可分为两个阶段。第一阶段是从 1998 年年初到 1999 年年中，粮食收储制度在该阶段逐渐收紧。这一阶段改革的主要内容是 1998 年 4 月 27 日至 29 日全国粮食流通体制改革工作会议提出的“四分开，一完善”①，以及 1998 年 6 月国务院召开的全国粮食购销工作电视电话会议中正式提出的“三项政策，一项改革”。尤其是随着 1998 年 6 月 6 日《粮食收购条例》的发布，粮源自此时起原则上就已被国有粮食购销企业垄断，粮食市场实现“关闭”②。然而，在经过一系列市场化改革和粮食产量增长之后，想要通过市场的完全关闭来解决粮食企业亏损问题已几乎没有可能。政策的推进不仅没能解决该问题，而且导致了新矛盾、新问题的出现。在过高政策成本和政策目标落空的共同影响下，改革也进入了第二阶段。

第二阶段是从 1999 年年中至 2003 年年底，粮食收储制度在该阶段逐渐放开。从 1999 年起，国务院先后发布了《国务院关于进一步完善

①“四分开，一完善”，即实行政企分开、储备和经营分开、中央和地方责任分开、新老财务账目分开和完善粮食价格机制。

②《粮食收购条例》指出：“只有经县级人民政府粮食行政管理部门依照本条例第六条规定条件批准的国有粮食收储企业，方可按照国家有关规定从事粮食收购活动。未经批准，任何单位和个人不得直接向农民和其他粮食生产者收购粮食。”以上内容实际上是对粮食流通系统的严格管制。

粮食流通体制改革政策措施的通知》《国务院办公厅关于部分粮食品种退出保护价收购范围有关问题的通知》《国务院关于进一步完善粮食生产和流通有关政策措施的通知》，逐步缩小保护价收购范围，加快粮食结构调整。2001 年 7 月 31 日，国务院发布了《国务院关于进一步深化粮食流通体制改革的意见》，提出在粮食销区取消农民的粮食定购任务，放开市场、放开粮价、放开经营。一直到 2004 年 5 月 31 日《国务院关于进一步深化粮食流通体制改革的意见》发布并生效为止，国内粮食收购市场经历了一个由封闭到逐步放开的过程，这也为政策研究提供了一个难得的准自然试验样本。

第二节

收储制度改革影响下游加工企业生产经营的内在逻辑

改革的渐进性导致经济体制内部制度安排不配套，进而影响了改革的有效性。相比于产品市场，要素市场的市场化程度要低得多。在不配套的上下游市场环境下，企业的资源配置效率大大降低，其全要素生产率也随之降低。因此，改革与完善要素市场，实现上下游市场的有机衔接，成为提高企业效率的重要路径。对粮食加工企业而言，收储制度的存在使得粮食加工企业不仅要面临扭曲的要素市场，而且要面对政策调控下扭曲的原粮市场。

近年来，在刚性托市收购价和疲软的国际粮价的共同作用下，粮食加工企业处于被双重挤压的尴尬境地，举步维艰。宏观政策难以扭转，补贴成为政府应对粮食加工企业生存困境的重要方式①。然而，在错综复杂的环境下，这类以扭曲应对扭曲的扶持模式操作难度较高，很可能

①为应对“稻强米弱”的不利环境，黑龙江省加大对粮食企业的支持力度，对省内符合条件（年加工能力10万吨及以上，信誉较好）的水稻加工企业继续实施补贴，补贴额度由原来的每吨100元提高至每吨200元。

导致新的扭曲。幸运的是，“三量齐增”的粮情背景推动形成了粮食政策改革的倒逼机制，政府开始逐步调整既有的粮食收储制度，粮食政策改革的市场化特征日趋明显。不论是基于理论的分析还是基于玉米收储制度改革的实践，学术界普遍认为，收储制度市场化改革不仅有助于“三量齐增”问题的解决，而且能激活下游粮食加工业市场，提高下游粮食加工企业的生产效率。

但是，渐进式条块化改革面临的问题是粮食产业链环节间割裂明显，不同环节的体制类型迥异。具体来说，原粮收购环节具有典型的计划性，而直接以原粮为中间投入的粮食加工企业的竞争性更强。此时，收储制度改革意味着产业链中收储环节内部制度的调整，将打破原有的产业链上下游关系。如果下游市场主体调整能力有限，那么短期的震荡将可能无法避免。因此，要想收储制度改革能够对粮食加工企业产生正向影响，仍需满足两个条件：一是尚未形成稳定的产业链关系；二是企业自身具备满足市场机制的一般要求。然而，至少从当前的粮食加工企业来看，这两个条件并不能被满足。

粮食产业链是集粮食生产、消费、流通和贸易等各个环节于一体的链状组织体系，是粮食“产购储加销”一体化发展的集聚方式。一个有效的粮食产业链应当是有机的整体，具备相互融合的多层次网络结构。然而，考虑到粮食安全的重要性，政府对粮食收储环节的干预从未停止，这也造成了粮食产业链内部明显的脱节。而且，随着流通、消费领域市场化程度的加深，粮食产业链内部脱节问题不但没有得到解决，反而有更加严重的趋势，突出表现为上下游环节间的价格传导不畅及市场化不完全特征明显。

如果对不扭曲的产业链上游产业进行改革，那么产业链下游产业就只能选择匹配的体制才能避免全产业链的衰退。由于粮食产业链上游长期扭曲，为追求利润最大化，下游粮食加工企业的经营行为也会相应调整，其经营活动由以市场为中心转向以围绕粮食临时收储政策为主，且这一上下游关系在很长一段时间内相对稳定。因此，一直以来，粮食加工企业对政策的敏感度要远高于对市场的敏感度，与市场机制相适应的能力尚显不足。此时，单一环节的市场化改革破坏了原产业链环节间的稳定关系，而新产业链间关系的形成又需要一个渐进过程，可能会导致产业链环节间市场主体的生产经营面临短期的困难。正如农业农村部农业机械化管理司司长冀名峰对 1993 年粮食改革分析的那样，尽管当时粮食改革的方向没有问题，但在隔断原粮食管理系统的同时，未建立新的购销关系，导致了当时的“粮价风波”。由此可以推断，至少短期内，粮食收储市场化改革对粮食加工企业可能存在不利影响。部分对农村税费改革政策的考察可以作为该论断的支持，如周黎安和陈烨[①]在分析政策的动态效果时发现，“税费改革当年”的影响为正但并不显著，张娟[②]则在以江苏省为样本的农村税费改革考察中，得到了“税费改革当年”对农民收入增长呈不显著负面效果的结论。

当然，围绕收储端的市场化改革毕竟是对产业链中市场化薄弱环节的强化，有助于收储端和加工端断裂关系的修复。因此，随着时间的推移，收储制度市场化改革对粮食加工企业全要素生产率的正向作用将会增强。

根据以上分析，收储制度改革与粮食加工业全要素生产率的关系可能更加复杂，由此提出命题 1 和命题 2。

---

①周黎安，陈烨．中国农村税费改革的政策效果：基于双重差分模型的估计［J］．经济研究，2005（8）：44－53.

②张娟．农村税费改革对农民增收影响的实证分析——以江苏为例［J］．南京农业大学学报（社会科学版），2006（1）：11－17.

命题1：考虑到产业链环节间的兼容关系，放开上游收购市场短期内未必会对下游加工企业全要素生产率带来正向影响。

命题2：随着新产业链环节间关系的形成，收购市场化对粮食加工企业全要素生产率的正向影响会逐渐显现。

此外，即便剔除所有制约因素，粮食加工企业仍具有异质性。例如，就当时改革而言，尽管政府严禁非国有企业入市收购，但仍然无法做到对市场的完全关闭，还会有部分私商粮贩进入收购市场。此时，相比于国有企业和其他私营企业，有能力获得低价粮源的私营企业将更具生产优势，生产效率也更高。相应地，收购市场放开后，这部分企业之前的制度优势将不复存在，受到的冲击可能更强。当然，另一个可能的结果是，这部分能够获得低价原粮而提升自身效率的企业具有更强的经营变通能力，在面临收储环节改革时，能够更快地调整自己的经营，进而从改革中获得更大收益。由此提出命题3。

命题3：收储制度市场化改革对不同生产率水平企业全要素生产率的影响具有异质性。

第三节

基于中国工业企业数据库的实证检验

一、模型与方法选择

本节基于1998—2003年稻米加工企业数据样本，以2001年国务院发布的《国务院关于进一步深化粮食流通体制改革的意见》（以下简称《意见》）作为政策冲击，在一个准自然实验框架下，分析收购市场放开对稻米加工业全要素生产率的影响。考虑到改革的渐进性，即便只将稻米作为分析的粮食品种，也有必要对实验组和对照组的选择做出说明。2001年《意见》重点强调了放开8个粮食主销区的收购市场。随后，各省份相继实行了粮食购销市场化改革。假定政策在政府文件发布之后方能实施，结合作物收获季节和政府文件发布时间可知，至少在2001年，北京和天津的夏粮收购市场并未放开。下面选择了6个省（市）（上海、福建、浙江、江苏、广东和海南）作为实验组。其中，有三个问题需进一步说明：第一，1999年《国务院关于进一步完善粮食流通体制改革政策措施的通知》发布之后，南方部分地区的早籼稻自2000年新粮上市起已相继退出保护价收购范围，考虑到早籼稻产量占比较低，且多数省份不再保护性收购早籼稻中的劣质品种，故在基准模型中，将忽略该问题，但会在分布稳健性检验对2000年的潜在影响中加以考察。第二，对照各地区收购市场放开配套文件的发布，如广东省《关于全面实行粮食购销市场化改革的通知》发布于2001年12月，晚于秋收时间。然而，根据韩一军和赵玉田的研究，尽管广东省政策发布得较晚，但在实际操作上推进得更早，2001年6月，广东省就已基本放开了夏粮收购市场。第三，1998—2003年，不仅存在着粮食收购市场的放开过程，而且伴随着国有粮食购销企业改革。1998年“三项政策，一项改革”中的“一项改革”就是指推进粮食购销企业的自身改革。因此，为了避免国有企业改革所产生的影响，本书将企业样本限定为非国有企业。

对照组方面，根据颜波的归纳，截至2003年年底，全国不同省份在粮食收购方面呈现出多样化的改革路径。除8个粮食主销区外，其余省份可以分为以下几类：（1）河北、河南、吉林、辽宁和江西5省，保留了保护价制度，实行直接补贴政策。（2）黑龙江、山东、四川、陕西、甘肃、山西、西藏、宁夏8省（区），缩小保护价收购范围，放开了部分非主产区。（3）与主销区类似，其余省份同样放开了粮食收购，但放开的时间不同。就稻谷而言，2001年放开的省份有新疆，2002年放开的省（区、市）包括广西、云南、湖北、青海、湖南和重庆，2003年放开的省份有贵州和安徽。本研究主要围绕收购市场放开所产生的影响，因此选取第（1）类省份作为对照组1。此外，对于第（2）类省份，尽管保护价收购范围缩小，但放开的仅仅是部分非主产区，本研究认为这些省份的政策调整对粮食收购市场整体影响不大，故将第（1）类和第（2）类省份合并作为对照组2。

在以上分析的基础上，构建如下倍差法回归模型：

$$ltfp_{it} = \alpha_0 + \alpha_1 treatment_i + \alpha_2 post_t + \alpha_3 treatment_i \times post_t + X'_{it}\gamma + \upsilon_k + \varepsilon_{it} \qquad (1)$$

其中，下标 i、k 和 t 分别代表企业、地区和年份；*ltfp* 表示企业生产率的对数；虚拟变量 *treatment* 取值为1时表示实验组样本企业，取值为0时表示对照组样本企业；*post* 为时间虚拟变量，2001年之后的年份取值为1，2001年及之前的年份取值为0；估计系数 α_3 即衡量了市场放开对企业生产率的影响。其中，考虑到稻米微观企业进出频繁，借鉴鲁晓东和连玉君的研究，本书选用OP法[①]对企业生产率进行估计。

为了更准确地对两者关系进行考察，本书在控制变量 X_{it} 中考虑了企业年龄（*age*）和企业规模（*scale*）。其中，企业年龄对企业竞争力有重要影响，自然也会对企业全要素生产率带来影响，该指标是通过调查年份与企业成立年份的差值得到的。通常来讲，企业规模越大，越容易得到地方政府的重视和支持，也具有更强的资金获得能力，进而有可能通过创新投入提高企业全要素生产率。借鉴孙晓华和王昀企业规模的考量方式，本书以企业总资产作为企业规模的衡量指标。此外，资产负债率（*alr*）也会对企业全要素生产率带来影响。资产负债率代表一个企业的负债水平，过高的负债率意味着较大的资本风险，不利于企业的生产经营和全要素生产率的提高。

①OP法：Olley和Pakes发展的基于一致半参数估计值方法。该方法假定企业根据当前生产率状况做出投资决策，当期投资可作为不可观测生产率冲击的代理变量。

二、数据来源与处理

本研究主要依托中国工业企业数据库提供的1998—2003年企业层面数据，针对数据库本身存在的问题，借鉴余淼杰及Brandt et al的处理方法，将符合以下条件的样本剔除：

（1）相关估计生产率文献所需关键指标（工业总产值、工业增加值、就业人数、固定资产净值/原值、中间投入品）缺失或小于零；

（2）企业固定资产原值小于固定资产净值；

（3）工业增加值或中间投入大于总产出，或主营销售收入大于总销售收入；

（4）净资产负债率、资产利润率和销售利润率（利润总额/销售收入）的取值超出-100%到100%之间的范围。

考虑到本书研究对象稻米加工业与工业企业数据库中碾米业（C1311）相对应，但2002年前后碾米业被合并至谷物磨制（C1310）。因此，本书采用一定方式对2003年碾米业数据进行筛选。首先根据"主要产品1"进行第一轮粗略筛选，选择关键字"米"或"稻"，得到第一部分样本；考虑到部分企业可能对产品填写不够清晰，对所选样本外的企业以企业名称中是否包含关键字"米"或"稻"为依据进一步获取第二部分样本；最后，针对以上两部分筛选后的剩余部分，以"主要产品2"中是否包含"米"或"稻"为依据再次筛选，获取第三部分样本。最后，将这三部分样本合并作为本研究的目标样本数据。

其他变量来源中，宏观层面数据来自历年《中国统计年鉴》

（1999—2005年）。其中，本书对涉及的价值数据做平减处理：对工业总产值、工业增加值及工业中间投入用《中国统计年鉴》中相应年份分省份、工业品、出厂价格指数进行了平减，对固定资产价值合计和固定资产净值则采用分省份、分年度的固定资产价格投资指数进行了平减，以上指数基期皆为1997年。变量的描述性统计见表6－1。

表6－1 变量的描述性统计

变量	名称	变量描述	观测值	均值	标准差	最小值	最大值
ltfp	全要素生产率	OP法计算获得	2 521	1.550	0.280	－1.849	2.046
alr	资产负债率	总资产与总负债之比	2 525	0.615	0.272	0.036	1.125
scale	企业规模	企业总资产	2 525	0.065	0.056	0.012	0.260
age	企业年龄	调查年份与企业成立年份差值	2 525	20.516	17.857	2	53
lrl	资产利润率	净利润与总资产之比	2 525	0.015	0.032	－0.086	0.099

【注】OP法测算TFP中，除资本、劳动力外，还引入企业年龄和企业规模作为控制变量，具体测算见《稻米比价对企业全要素生产率的影响研究——基于稻米加工业的微观企业数据》（武舜臣，彭冬冬，2019）。

表6－2展示了实验组与对照组数据的均值比较。结果显示，除利润率外，其他各控制变量在实验组和对照组间均存在显著差异。

表 6－2　实验组与对照组数据的均值比较

变量	实验组	对照组 1	差值 1	对照组 2	差值 2
	(n = 441)	(n = 1361)	对照组—实验组	(n = 1491)	对照组—实验组
ltfp	1.507	1.563	−0.056** (−2.003)	1.503	−0.060** (−2.111)
alr	0.609	0.661	0.051** (2.279)	0.668	0.586*** (2.602)
scale	0.059	0.068	0.009* (1.740)	0.069	0.010 * (1.911)
age	18.343	26.117	7.775*** (4.934)	25.619	7.276*** (4.615)
lrl	0.011	0.011	0.001 (0.172)	0.011	0.001 (0.182)

【注】(1) ***、**、* 分别表示统计值在 1%、5% 和 10% 的显著性水平下显著。

(2) 圆括号内为 t 检验值。

三、估计结果与分析

(一) 基本估计结果

基本估计结果报告见表 6－3，其中对照组 1 是前文提到的第（1）类省份，对照组 2 则包含了前文提到的前两类省份。两组结果中，列（1）没有加入企业层面控制变量和地区控制效应，列（2）在此基础上控制了地区固定效应，列（3）进一步添加了企业层面控制变量。从表 6－3 可以看出，核心解释变量（*treatment* × *post*）的估计系数符号和显著性水平在控制变量加入前后没有发生显著变化，这说明方程具有较好的稳定性。列（3）的回归结果显示：在控制了其他影响因素后，变量的系数显著为正，实验组企业的生产率水平明显高于对照组；变量的估计系数为正且通过了 1% 水平的显著性检验，说明不论是实验组企业还是对照组企业的生产率都随着时间的推移有显著提升。核心解释变量

（*treatment* × *post*）的系数为 -0.066 且在 5% 的显著性水平下显著，这表明控制了其他影响因素后，实验组私有企业全要素生产率在收购市场放开后反而下降了 6.6%，即市场放开并未表现出对下游加工业全要素生产率的正向影响。该结果验证了前文所列的命题 1。以对照组 2 为参照，结果变化不大，进一步证实了结果的稳健性。

表 6-3　基本估计结果

	对照组 1			对照组 2		
变量	列（1）	列（2）	列（3）	列（1）	列（2）	列（3）
treatment × *post*	-0.070**	-0.060**	-0.066**	-0.066**	-0.063***	-0.068**
	(0.032)	(0.021)	(0.028)	(0.024)	(0.020)	(0.027)
post	0.104***	0.090***	0.078***	0.100***	0.093***	0.077***
	(0.015)	(0.012)	(0.014)	(0.020)	(0.011)	(0.013)
treatment	0.056**	0.175***	0.151***	0.060	0.176***	0.147***
	(0.025)	(0.014)	(0.023)	(0.055)	(0.014)	(0.022)
alr	—	—	-0.037	—	—	-0.051*
	—	—	(0.031)	—	—	(0.029)
scale	—	—	0.159	—	—	0.141
	—	—	(0.169)	—	—	(0.155)
age	—	—	-0.001	—	—	-0.001*
	—	—	(0.000)	—	—	(0.000)
lrl	—	—	1.192***	—	—	1.237***
	—	—	(0.359)	—	—	(0.347)
常数项	1.507***	1.462***	1.448***	1.502***	1.461***	1.457***
	(0.010)	(0.007)	(0.036)	(0.042)	(0.007)	(0.033)
地区效应	—	控制	控制	—	控制	控制

续表

	对照组 1			对照组 2		
变量	列（1）	列（2）	列（3）	列（1）	列（2）	列（3）
观测值	1 802	1 802	1 802	1 932	1 932	1 932
R^2	0.029	0.111	0.133	0.027	0.108	0.132

【注】(1) ***、**、* 分别表示统计值在 1%、5% 和 10% 的显著性水平下显著。

(2) 圆括号内的数值为聚类到省级层面的聚类稳健标准误。

（二）稳健性检验

实验组省份皆为粮食主销省，中央试点的选择可能存在一定的倾向性，最终导致“选择偏差”。对此，本文在基准模型的基础上，采用双重差分倾向得分匹配（PSM－DID）的方法，在对数据进行匹配的基础上重新对原模型进行了归纳，归纳结果见表 6－4。其中，列（1）仅控制了地区效应，列（2）在此基础上加入了企业层面控制变量。

表 6－4　PSM－DID 检验

	对照组 1		对照组 2	
变量	列（1）	列（2）	列（1）	列（2）
treatment × *post*	－0.062**	－0.069**	－0.064**	－0.069**
	(0.023)	(0.030)	(0.022)	(0.030)
post	0.092***	0.080***	0.094***	0.079***
	(0.014)	(0.015)	(0.013)	(0.015)
treatment	0.189***	0.166***	0.189***	0.161***
	(0.023)	(0.031)	(0.022)	(0.029)
alr	—	－0.033	—	－0.048
	—	(0.031)	—	(0.029)

续表

	对照组 1		对照组 2	
变量	列（1）	列（2）	列（1）	列（2）
scale	—	0.155	—	0.154
	—	(0.158)	—	(0.149)
age	—	-0.001	—	-0.001
	—	(0.001)	—	(0.001)
lrl	—	1.264***	—	1.296***
	—	(0.315)	—	(0.305)
常数项	1.466***	1.448***	1.465***	1.456***
	(0.008)	(0.033)	(0.008)	(0.030)
地区效应	控制	控制	控制	控制
观测值	1 661	1 661	1 782	1 782
R^2	0.112	0.133	0.108	0.131

【注】(1) ***、** 分别表示统计值在 1%、5% 的显著性水平下显著。

(2) 圆括号内的数值为聚类到省级层面的聚类稳健标准误。

表 6－4 结果显示，无论是以对照组 1 还是对照组 2 为标准，关键变量系数大小、符号及显著性都没有发生明显改变。

倍差法应用的前提是平行趋势假设，但改革的渐进性意味着不同地区试点的时间不同，这让通过固定时间点（2001 年）来研究改革事件面临挑战。因此，本文选用三重差分法（DDD）对改革结果的合理性做进一步验证。此时，实验组仍为 6 个主销省的私有稻米加工企业，对照组则分别为 8 个主销区的国有稻米加工业及基准模型对照组的私有稻米加工企业，最终结果见表 6－5。其中，*treated*1 为区域虚拟变量，处理组为 1，对照组为 0；*treated*2 为所有制虚拟变量，私有企业为 1，国有企业为 0；

post 是时间虚拟变量，改革后为 1，改革前为 0；*post* 为核心解释变量，为三者的乘积。通过与基准模型比较可知，核心解释变量系数的符号和显著性水平没有发生根本改变，进一步验证了基准模型结果的稳健性。

表 6－5　三重差分法（DDD）估计结果

	对照组 1			对照组 2		
变量	列（1）	列（2）	列（3）	列（1）	列（2）	列（3）
DDD	−0.079	−0.070	−0.077	−0.092	−0.102*	−0.110
	(0.058)	(0.041)	(0.049)	(0.059)	(0.058)	(0.065)
post	0.069***	0.076***	0.077***	0.061**	0.063***	0.063***
	(0.025)	(0.007)	(0.006)	(0.025)	(0.020)	(0.021)
*treated*1	0.125***	0.111***	0.081**	0.114***	0.102***	0.067*
	(0.025)	(0.010)	(0.031)	(0.024)	(0.021)	(0.034)
*treated*2	−0.148***	−0.192***	−0.103**	−0.141***	−0.189***	−0.090**
	(0.025)	(0.007)	(0.041)	(0.026)	(0.007)	(0.040)
*treated*1 × *post*	0.085*	0.058*	0.059*	0.093**	0.071*	0.072*
	(0.044)	(0.031)	(0.030)	(0.046)	(0.036)	(0.036)
*treated*2 × *post*	−0.041	−0.034***	−0.041***	−0.028	−0.002	−0.009
	(0.036)	(0.008)	(0.008)	(0.035)	(0.042)	(0.042)
*treated*1 × *treated*2	0.073*	0.090***	0.110***	0.085**	0.099***	0.119***
	(0.039)	(0.019)	(0.021)	(0.040)	(0.027)	(0.029)
alr	—	—	−0.022	—	—	−0.035
	—	—	(0.027)	—	—	(0.025)
scale	—	—	0.162	—	—	0.142
	—	—	(0.158)	—	—	(0.147)
age	—	—	−0.000	—	—	−0.000
	—	—	(0.001)	—	—	(0.001)

续表

	对照组 1			对照组 2		
变量	列（1）	列（2）	列（3）	列（1）	列（2）	列（3）
lrl	—	—	1.087**	—	—	1.103***
	—	—	(0.405)	—	—	(0.375)
常数项	1.513***	1.424***	1.415***	1.505***	1.421***	1.425***
	(0.015)	(0.007)	(0.037)	(0.015)	(0.007)	(0.031)
地区效应	—	控制	控制	—	控制	控制
观测值	1 667	1 667	1 667	1 788	1 788	1 788
R^2	0.090	0.125	0.138	0.077	0.123	0.136

【注】(1) ***、**、* 分别表示统计值在 1%、5% 和 10% 的显著性水平下显著。

(2) 圆括号内的数值为聚类到省级层面的聚类稳健标准误。

（三）异质性考察

以上实证结果显示，样本区间内稻谷收购市场化呈现出不利于稻米加工业全要素生产率提高的特征。结合对产业链的分析，对其结果有两个方面的解释：第一，与市场化改革相关的市场机制条件尚不成熟，粮食市场化改革的力度或方式存在一定问题；第二，不完全产业链中长期存在的加工企业已经对原模式形成一定路径依赖，市场化改革打破了原有模式，短期内不利于提高稻米加工企业效率，但长期看仍会发挥正面作用。如果解释是前者，则需要调整当前的改革措施；如果解释是后者，则需沿原来的改革路线，坚定不移地继续推进市场化改革进程。为验证命题 2，下文在原模型基础上分别设置了改革第一年、改革第二年及改革第三年（对应 *did*1，*did*2 和 *did*3）对稻米加工业全要素生产率的影响（实证结果见表 6－6）。此外，根据前文分析，市场化改革前的效率优势极有可能导致改革的后发劣势。为验证命题3，在表6-6中添加了分位数回归，选取的分位数分别为25%、50%和75%，以反映加工业效率的低水平组、中等水平组和高水平组。表6-6中，列（1）考察了全样本情况下市场放开对企业全要素生产率的影响在时间上的变化；列（2）至列（4）为不同分位点上的回归结果。由表6-6对照组1中列（1）结果可知，收购市场化改革的第一年和第二年对企业全要素生产率的影响为负，但第二年影响的系数未通过显著性检验，第三年影响的系数则由负转正。同样的，对照组2中列（1）也支持了该结论。进一步分析，将对照组1的列（2）与列（3）横向比较可知，全要素生产率越低的企业，收购市场化改革后全要素生产率受到的平均负向冲击越强，而且，这种表现源于改革第一年和第二年更强的负向冲击。相比于列（3）和列（4），改革第三年，原本全要素生产率更低的列（2）反而得到放开更多收购市场的改革红利。

表6-6　动态异质性效果考察

	对照组1				对照组2			
变量	列（1）	列（2）	列（3）	列（4）	列（1）	列（2）	列（3）	列（4）
		*q*10	*q*50	*q*90		*q*10	*q*50	*q*90
did	—	-0.151***	-0.025	0.018	—	-0.155***	-0.027	0.017
	—	(0.050)	(0.022)	(0.032)	—	(0.054)	(0.022)	(0.030)
*did*1	-0.080***	-0.057	0.008	-0.003	-0.077***	-0.056	0.008	0.005
	(0.024)	(0.086)	(0.037)	(0.038)	(0.023)	(0.084)	(0.037)	(0.038)
*did*2	0.014	-0.109	-0.021	-0.013	0.010	-0.093	-0.026	-0.013
	(0.052)	(0.092)	(0.037)	(0.033)	(0.051)	(0.094)	(0.035)	(0.035)
*did*3	0.046*	0.138*	0.022	0.045*	0.035*	0.133*	0.019	0.044*
	(0.037)	(0.075)	(0.030)	(0.026)	(0.020)	(0.076)	(0.030)	(0.025)

续表

	对照组 1				对照组 2			
变量	列(1)	列(2)	列(3)	列(4)	列(1)	列(2)	列(3)	列(4)
alr	-0.036	-0.081*	-0.011	-0.006	-0.049	-0.084*	-0.032	-0.008
	(0.032)	(0.048)	(0.024)	(0.019)	(0.029)	(0.047)	(0.024)	(0.019)
scale	0.096	0.058	0.122	-0.108	0.084	0.054	0.108	-0.081
	(0.151)	(0.249)	(0.099)	(0.119)	(0.139)	(0.267)	(0.103)	(0.122)
age	-0.001*	-0.002**	-0.001**	-0.000	-0.001*	-0.002**	-0.001***	-0.000
	(0.001)	(0.001)	(0.000)	(0.000)	(0.001)	(0.001)	(0.000)	(0.000)
lrl	1.167**	1.622***	0.991***	0.198	1.208***	1.655***	1.024***	0.259
	(0.372)	(0.327)	(0.221)	(0.256)	(0.355)	(0.331)	(0.216)	(0.243)
常数项	1.425***	1.050***	1.475***	1.711***	1.436***	1.051***	1.491***	1.712***
	(0.046)	(0.101)	(0.059)	(0.036)	(0.042)	(0.111)	(0.056)	(0.041)
地区效应	控制	控制	控制	控制	控制	控制	控制	控制
观测值	1 802	1 802	1 802	1 802	1 932	1 932	1 932	1 932
R^2	0.127	—	—	—	0.128	—	—	—

【注】(1) ***、**、* 分别表示统计值在 1%、5% 和 10% 的显著性水平下显著。

(2) 圆括号内的数值为聚类到省级层面的聚类稳健标准误。

第四节

反思中国粮食收储制度的曲折性改革

基于1998—2003年粮食流通体制改革的准自然实验，前文回顾了该阶段粮食收购市场的放开历程，并利用中国工业企业数据库1998—2003年非国有稻米加工业数据，实证检验了收购市场放开对稻米加工业全要素生产率的影响。研究结果发现，与多数理论预期不同，稻谷收购市场放开并未表现出对提高稻米加工业全要素生产率的促进作用，PSM－DID和DID模型则验证了以上结论的稳健性。对政策动态异质性分析发现，稻谷收购市场放开对稻米加工业全要素生产率的影响呈现出先负向后正向的特征。分位数回归结果则进一步说明，改革第一年和第二年，全要素生产率越低的企业受市场放开的冲击越大，改革第三年则呈现出正向影响。

结合当前粮食收储制度市场化改革的现状，本研究能提供如下政策启示：

第一，粮食收储制度市场化改革的主方向不能动摇。尽管收购市场放开并未立刻表现出对下游稻米加工业的正向影响，但动态异质性结果表明，市场放开的正向作用具有一定的滞后性。坚持粮食收储环节的市场化改革从长远看将有助于下游粮食加工业的发展，而且反过来对粮食生产环节的发展具有保障作用，能够整合粮食全产业链，进而为构建更高层次的国家粮食安全保障体系提供基础。由此可知，粮食收储制度市场化改革的积极作用不容忽视，不能因为产业链新旧关系转变中的短期不确定性而否定市场化改革的意义，停止市场化改革的进程。

第二，粮食收储制度市场化改革需要相应的配套措施。由研究结论可知，由于不完全产业链的长期存在，处于下游竞争环节、追求利润最大化的粮食加工企业不得不在一定程度上选择计划体制或双轨体制，更多关注政策方向。比如，在产业依然过剩时期，部分加工企业为获得政策性收储资格仍在扩大产能。一旦放开收购市场，这类企业一定会面临更大的市场冲击。因此，在粮食收储制度市场化改革稳妥推进的同时，应充分考虑此类问题，尤其是对某些依附政策才做大做强且关乎粮食安全的龙头企业，更应该提前给予政策引导，提高此类企业的市场适应能力，最终在保障粮食安全稳定的前提下实现粮食收储制度市场化改革的稳妥推进。

第七章

对推进粮食流通市场化改革的两点思考

在统购统销制度下，我国通过增持农业税和下达统一收购的计划数量、加价收购的超购数量以及城市定量供应的配套，勉强维持了粮食供求的基本平衡。总体来看，除三年困难时期外，在计划经济时期，粮食供求的脆弱平衡能够得以维持。然而，这种粮食安全供求平衡背后，是中国农业和农民的巨大牺牲，以及粮食流通领域难以想象的效率损耗。因此，粮食的市场化改革，既顺应改革开放的历史形势，又是确保粮食安全的必然选择。而改革，则应重点聚焦于粮食流通体制。

市场化改革是降低粮食安全保障成本，构建可持续的粮食安全保障体系的关键。然而，人们对市场化改革的怀疑态度与对粮食安全的过度敏感一再导致改革的反复，这不仅增加了不必要的改革成本，而且让可持续的粮食安全保障体系的推进难以继续。因此，要在坚定市场化保障粮食安全可行的认知下，以粮食流通环节为重点，构建合理的粮食产业链结构，为市场化路径的有效推进保驾护航。

一、坚定不移推进粮食流通市场化改革，构建更高质量的粮食安全保障体系

形成于计划经济时期的传统粮食流通体制具有高度的计划性和极强的垄断性，对其改革，不仅要克服计划经济思维和计划行为惯性，而且需要改变人们对市场调节下粮食市场波动的错误认知。多数情况下，粮食流通市场化改革过程中出现的问题，不是因为市场化改革，而是因为改革方式的不完善和政策措施的不配套。此外，“问题”是否是真问

题，是否大到足以让改革停止或倒退，则是需要商榷的部分。

放眼全球，保障粮食安全需要市场自我调节和政府干预的有机结合，在国内，过度且低效的政府干预限制了市场的自我调节。中国的粮食自给率虽然维持在较高水平，但是粮食安全保障的效率并不高，而效率提升的关键在于粮食流通。因此，粮食安全保障机制需要市场化改革，而其中的粮食流通体制改革更加重要。粮食流通体制的改革目标是“在对其进行改革的基础上，建立起适应社会主义市场经济要求的既能维护国家粮食安全，又能促进粮食流通产业现代化发展的新体制”。

粮食流通不仅连接着生产端和消费端，而且确保了粮食系统的稳定性。在粮食市场分块化改革的过程中，粮食市场诸环节呈现出分块化、渐进式特征。然而，在决策层对生产、消费及流通关注程度存在差异的情况下，粮食流通环节的进一步市场化改革并不顺利，表现出周期性、分块化及谨慎性等特征。

对此，本书分析了粮食流通体制曲折性改革的形成原因，并以“98 粮改”为例做了合理论证。研究发现，学术界对依靠市场化手段保障粮食安全的不信任，以及政府对粮食流通环节认知上的不足是导致粮食流通体制改革呈现以上特征的关键。“98 粮改”的实践说明，改革初期短期的市场震荡与决策层对市场的不信任相互作用，共同引发了改革的倒退和“逆市场化”趋势的再现。为了更好地推动粮食流通体制改革，提高粮食安全保障效率，坚定不移地推动粮食流通体制市场化改革势在必行。

二、加强粮食流通体制市场化改革相关研究，为粮食安全市场化改革保驾护航

（一）对粮食市场化改革目标定位的思考

经过了对粮食安全保障机制这么多年的讨论，当前的焦点不应再停留于“是否市场化”上，而应过渡至“如何市场化”上。但遗憾的是，截至目前，多数文献对“是否市场化”的讨论仍旧模棱两可，少有立场鲜明的论断。其实，在粮食市场化改革问题上，有意见相左的两个群体不是坏事，反而能在不断探讨中将结论推向最优。当然，粮食安全无比重要，但总是以重视粮食安全为由延迟推进更有效的市场化改革不是长久之计。

当然，用单一维度（如市场化改革）来框定粮食领域的改革方向，很容易引发争议，也不够完善。目前看来，主流文献大致有两个观点：一是中国粮食储备制度抵挡了很多国内外粮食危机，值得继续强化和巩固；二是既要强调市场层面，又要重视政府层面多维度框定改革方向。前者由于过于“保守”，受到了一些批评；后者虽然兼顾了多维度，分析内容丰富，却只能得出模棱两可的论断。目前，后者更被学术界认可，但却难以继续深挖。例如，在坚定市场化改革的观点下，如何更好地推进改革，保障市场稳定？在坚定回归计划的观点下，如何提高计划下的效率问题？如果认为两者皆可，那对策何在？因此，本书非常赞同

曹宝明老师的观点，即重启粮食流通体制改革，而且认为当前更为重要的不是行政干预维系粮食安全，而是如何构建更为高效的现代化储备体系。

（二）粮食流通相关研究的不足及成因浅析

粮食流通虽然是粮食领域改革中措施最多、历程最曲折的环节，但总是处于政策目标的次要位置。发生在粮食流通领域的多数改革，并非是粮食流通领域自身的问题，但在对其他外部因素过度重视的情形下，很多问题被忽视，进而导致了改革的频繁转向，并给人们留下市场化改革不足以保障粮食安全的记忆。

作为连接生产端和消费端的重要环节，现有理论研究离不开对粮食流通环节的讨论。但在多数研究中，粮食流通环节也只是被间接提及，少有文献阐述过某一阶段下相对完整的粮食流通过程。多数对粮食流通环节的研究仍止步于一个模糊的概念。与此同时，国内的粮食研究在生产领域蓬勃发展，在消费领域也日渐增多，而最复杂的流通领域，则多被作为简单、抽象的因变量。

当然，粮食流通相关研究的不足主要是因为粮食储备领域的涉密属性，限制了粮食流通诸环节研究的连续性；此外，粮食流通领域的复杂性也使调研难度远高于农村入户调研。因此，关系粮食安全的流通环节成了粮食类研究的冷僻领域。然而，如果细数影响粮食安全的诸多事件，可以发现，粮食流通环节的弊病，尤其是粮食储备领域长期存在的问题才是影响粮食安全的关键因素。维系粮食安全的基本粮食储备量与粮食流通效率成反比。而粮食储备带来的保管、轮换等成本，则占据了大多数粮食安全保障成本。遗憾的是，当前的粮食流通体制改革陷入了一种负向循环，粮食流通效率越低，对粮食储备的需求量就会越大，也就造成了越低的流通效率，这种循环只有过高的财政压力出现时才能被短期隔断。

综上所述，粮食流通体制市场化改革在保障粮食安全方面意义重大。同样，我们也承认凭借市场化手段保障粮食安全需要粮食经济其他方面配套的体制安排。但关键问题在于，学术界需要正视这一现实，要以坚持市场化改革为起点，以推动流通体制市场化改革为突破口，推动高效粮食安全保障机制的构建。

参考文献

[1]李国祥.粮食安全和食物保障要有新理念新举措[J].中国党政干部论坛,2020(03):82-84.

[2]张红宇.大国小农:迈向现代化的历史抉择[J].求索,2019(01):68-75.

[3]武舜臣."小农经济与农业农村现代化"学术研讨会综述[J].三农决策要参,2018(41).

[4]高延雷,王志刚.城镇化是否带来了耕地压力的增加?——来自中国的经验证据[J].中国农村经济,2020(09):65-85.

[5]施庚宏,施本植.我国农业劳动力剩余测度及其影响因素分析[J].湖北社会科学,2021(04):49-56.

[6]蒋南平,李博.中国农业现代化的一个途径:基于人—地关系的现代小农经济模式[J].经济理论与经济管理,2012(03):90-99.

[7]孔祥智,刘同山.论我国农村基本经营制度:历史、挑战与选择[J].政治经济学评论,2013,4(04):78-133.

[8]武舜臣.粮食安全保障与稻麦"三量齐增"应对:中国玉米和日本稻米改革的经验启示[J].经济学家,2018(04):96-103.

[9]杨鑫,穆月英.灌溉水压力、供给弹性与粮食生产结构——基于变系数Nerlove模型[J].自然资源学报,2020,35(03):728-742.

[10]周力,周应恒.粮食安全:气候变化与粮食产地转移[J].中国人口·资源与环境,2011,21(07):162-168.

[11]李天祥,朱晶.近十年来中国粮食内部种植结构调整对水土资源利用的影响分析[J].中国人口·资源与环境,2014,24(09):96-102.

[12]金涛.中国粮食作物种植结构调整及其水土资源利用效应[J].自然资源学报,2019,34(01):14-25.

[13]宋敏,王宏新,郭慧捷,等.农业领域面对气候变化的脆弱性与适应性举措[J].肥料与健康,2021,48(04):1-9.

[14]许迪,李益农,龚时宏,等.气候变化对农业水管理的影响及应对策略研究[J].农业工程学报,2019,35(14):79-89.

[15]丁雪丽,张玲玲,王宗志.基于省际间粮食贸易的虚拟水综合效益分析[J].长江流域资源与环境,2018,27(05):978-987.

[16]马永欢,牛文元,汪云林,等.我国粮食生产的空间差异与安全战略[J].中国软科学,2008(09):1-9.

[17]王红茹,郭芳,李雪.中国粮食地图:从"南粮北运"到"北粮南运"[J].中国经济周刊,2013(25):32-34.

[18]刘玉杰,杨艳昭,封志明.中国粮食生产的区域格局变化及其可能影响[J].资源科学,2007(02):8-14.

[19]武舜臣,周洲,曹宝明.生产区位变迁、耕地资源依赖与区域粮食安全——以江苏为例[J].农业现代化研究,2016,37(06):1061-1067.

[20]葛自强,孙政国.江苏省粮食生产现状及增产潜力分析[J].江苏农业科学,2011,39(03):596-598.

[21]于法稳. 中国粮食生产与灌溉用水脱钩关系分析[J]. 中国农村经济,2008(10):34－44.

[22]程国强. 中国需要新粮食安全观[J]. 黑龙江粮食,2017(07):5－7.

[23]杜润生. 杜润生自述:中国农村体制改革重大决策纪实[M]. 北京:人民出版社,2005.

[24]许庆,田士超,徐志刚,等. 农地制度、土地细碎化与农民收入不平等[J]. 经济研究,2008(02):83－92＋105.

[25]叶春辉,许庆,徐志刚. 农地细碎化的缘由与效应——历史视角下的经济学解释[J]. 农业经济问题,2008(09):9－15＋110.

[26]曹志宏. 基于谷物当量的中国居民食物消费变化及其对农业生产需求分析[J]. 资源科学,2013,35(11):2181－2187.

[27]樊胜根,陈志钢,盛芳芳,等. 调整膳食结构,走向可持续的健康膳食[J]. 三农决策要参,2021(41).

[28]余慧容,刘黎明. 可持续粮食安全框架下的农业"走出去"路径[J]. 经济学家,2017(05):84－90.

[29]熊学振,杨春. 中国粮食安全再认识:饲料粮的供需状况、自给水平与保障策略[J]. 世界农业,2021(08):4－12＋32＋119.

[30]陈秧分,王介勇,张凤荣,等. 全球化与粮食安全新格局[J]. 自然资源学报,2021,36(06):1362－1380.

[31]钱龙,李丰,钱壮,等. 南北差异视角下个体食物浪费行为——基于大学生高校食堂就餐情境的分析[J]. 自然资源学报,2021,36(03):552－566.

[32]陈思静,濮雪丽,朱玥,等. 规范错觉对外出就餐中食物浪费的

影响:心理机制与应对策略[J]. 心理学报,2021,53(08):904-918.

[33]汤夺先,王荞. 我国餐桌食物浪费问题的饮食人类学研究[J]. 青海民族大学学报(社会科学版),2021,47(03):1-10.

[34]王灵恩,倪笑雯,李云云,等. 中国消费端食物浪费规模及其资源环境效应测算[J]. 自然资源学报,2021,36(06):1455-1468.

[35]成升魁,黄锡生,胡德胜,等. 科学立法制止餐饮浪费的若干问题——"食物节约立法"专家笔谈[J]. 自然资源学报,2020,35(12):2821-2830.

[36]孙佑海.《反食品浪费法》:统筹推进制止餐饮浪费的制度建设[J]. 环境保护,2021,49(10):31-36.

[37]王向辉. 新阶段中国粮食安全问题探讨——"中国粮食安全专题研讨会"综述[J]. 中国农村经济,2015(07):93-96.

[38]徐振宇,李朝鲜,李陈华. 中国粮食价格形成机制逆市场化的逻辑:观念的局限与体制的制约[J]. 北京工商大学学报(社会科学版),2016,31(04):24-32.

[39]赵丽佳. 当前经济社会形势下应树立新的粮食安全观[J]. 农业经济,2012(04):3-6.

[40]赵德余. 主流观念与政策变迁的政治经济学——来自1998年中国"粮改"的经验[J]. 社会科学战线,2006(05):57-64.

[41]胡岳岷,刘元胜. 中国粮食安全:价值维度与战略选择[J]. 经济学家,2013(05):50-56.

[42]陈晨. 粮食安全概念的演变及重要意义[J]. 学理论,2015(30):14-15.

[43]任锦芳. 浙江省粮食发展战略目标选择及对策研究[J]. 科技通

报,1989(05):1－4.

[44]毛学峰,孔祥智.重塑中国粮食安全观[J].南京农业大学学报(社会科学版),2019,19(01):142－150＋168.

[45]赵德余.解释粮食政策变迁的观念逻辑:政治经济学的视野[J].中国农村经济,2010(04):20－29.

[46]崔宁波,王欣媛.新时代粮食安全:挑战、内涵及对策建议[J].农业经济与管理,2020(03):5－15.

[47]马晓河.新时期需要新的粮食安全观[J].宏观经济管理,2003(12):26－28.

[48]谢莲碧,黄雯.建国以来粮食安全思想内涵的演变:从封闭到开放[J].社会科学研究,2012(05):142－147.

[49]崔宁波,董晋.新时代粮食安全观:挑战、内涵与政策导向[J].求是学刊,2020,47(06):56－65.

[50]岸根卓郎.粮食经济:未来21世纪的政策[M].何鉴,译.南京:南京大学出版社,1999:119.

[51]封志明,史登峰.近20年来中国食物消费变化与膳食营养状况评价[J].资源科学,2006(01):2－8.

[52]辛良杰,王佳月,王立新.基于居民膳食结构演变的中国粮食需求量研究[J].资源科学,2015,37(07):1347－1356.

[53]钞贺森,田旭,于晓华.肉类消费结构、饲料安全和粮食安全——农业“供给侧改革”的一个参照系[J].农业现代化研究,2017,38(05):737－745.

[54]汪慧玲,卢锦培.环境约束下粮食安全与经济可持续发展的实证研究[J].资源科学,2014,36(10):2149－2156.

[55]杨鑫,穆月英.不同地区城镇居民收入对食品消费水足迹的影响——基于QUAIDS模型[J].资源科学,2018,40(05):1026-1039.

[56]辛翔飞,刘锐,王济民.破除自给率越高粮食越安全的迷误[J].农业经济问题,2020(10):19-31.

[57]辛翔飞,王济民.我国粮食自给水平目标设定:研究综述与政策启示[J].自然资源学报,2019,34(11):2257-2269.

[58]姜长云,李显戈,董欢.关于我国粮食安全与粮食政策问题的思考——基于谷物自给率与日、韩相关经验的借鉴[J].宏观经济研究,2014(03):3-10+23.

[59]武舜臣,高盈盈,胡舟.现阶段我国粮食价格倒挂的判断与应对策略[J].西部论坛,2016,26(06):37-43.

[60]王帅,赵秀梅.中国粮食流通与粮食安全:关键节点的风险识别[J].西北农林科技大学学报(社会科学版),2019,19(02):124-132.

[61]王钢,钱龙.新中国成立70年来的粮食安全战略:演变路径和内在逻辑[J].中国农村经济,2019(09):15-29.

[62]熊丽英,史月兰,龚道新.中国粮食安全的系统思考[J].学术论坛,1999(06):80-83.

[63]谢扬.新的粮食安全观[J].经济与管理研究,2001(04):8-11.

[64]王汉中.以“食物安全”观取代“粮食安全”观[J].瞭望新闻周刊,2006(50):64.

[65]曹宝明,唐丽霞,胡冰川,等.全球粮食危机与中国粮食安全[J].国际经济评论,2021(02):9-21+4.

[66]黄季焜.中国的食物安全问题[J].中国农村经济,2004(10):4-10.

[67]陈绍充,王卿. 中国粮食安全观分析[J]. 经济体制改革,2009(01):27-30.

[68]高帆. 中国粮食安全研究的新进展:一个文献综述[J]. 江海学刊,2005(05):82-88.

[69]杨明智,裴源生,李旭东. 中国粮食自给率研究——粮食、谷物和口粮自给率分析[J]. 自然资源学报,2019,34(04):881-889.

[70]曹峻. 试析中国特色粮食安全观[J]. 毛泽东邓小平理论研究,2008(09):50-55+85.

[71]韩俊. 中国人的饭碗必须牢端在自己手中[J]. 求是,2013(08):21-22.

[72]孔祥智. 树立全新的粮食安全观[J]. 中国粮食经济,2001(09):13-17.

[73]邹华斌. 毛泽东与"以粮为纲"方针的提出及其作用[J]. 党史研究与教学,2010(06):46-52.

[74]魏玉君,叶中华. 粮食政策研究:问题与对策[J]. 宏观经济管理,2019(06):67-71+90.

[75]曹荣湘. 粮食安全观的转换与市场制度的构建[J]. 学习与探索,2005(03):19-24+240.

[76]詹琳,元利兴,李娣,等. 粮食安全新战略下合理调整我国粮食统计口径研究[J]. 中州学刊,2018(12):41-46.

[77]余静. 亟待更新的粮食安全观[J]. 中国粮食经济,2005(05):13-17.

[78]侯东民. 试析资源制约下粮食自给与农业结构调整间的尖锐矛盾与粮食安全战略改革[J]. 理论前沿,2003(14):18-20.

[79]蒋敏,李秀彬,辛良杰,等.南方水稻复种指数变化对国家粮食产能的影响及其政策启示[J].地理学报,2019,74(01):32-43.

[80]陈湘涛,占金刚.粮食安全与生态安全的悖谬及对策[J].贵阳市委党校学报,2011(06):46-49.

[81]吴宇哲,钱恬楠,郭珍.休养生息制度背景下耕地保护生态补偿机制研究[J].郑州大学学报(哲学社会科学版),2020,53(03):27-31+127.

[82]郑兆山.实现中国粮食安全目标存在的问题及对策[J].粮食科技与经济,2003(06):12-13.

[83]周应恒,胡凌啸.农业投入的财政核算:2010~2015年[J].改革,2016(08):87-97.

[84]牛若峰.论向市场经济过渡与农业发展政策方向[J].农业经济问题,1993(08):21-26.

[85]蒋永宁,翟永红.粮食安全战略与制度创新[J].农业经济,1998(09):11-13.

[86]胡鞍钢.立足国内 基本自给 适度进口 促进交换——中国21世纪粮食战略的基本选择[J].经济研究参考,1997(67):24-27.

[87]武拉平.新时代粮食安全观的新特点与新思维[J].人民论坛,2019(32):30-31.

[88]唐丽霞,赵文杰,李小云.全球粮食安全评价体系的深层逻辑分析[J].华中农业大学学报(社会科学版),2020(05):151-159+175-176.

[89]王琛,吴敬学,钟鑫.中国农业技术类型对粮食综合生产能力影响的实证分析[J].农业现代化研究,2014,35(05):513-518.

[90]卢新海,柯楠,匡兵. 中国粮食生产能力的区域差异和影响因素[J]. 中国土地科学,2020,34(08):53-62.

[91]吴志华,胡学君. 中国粮食安全研究述评[J]. 江海学刊,2003(03):69-73+207.

[92]朱满德,张振,程国强. 建构新型国家粮食安全观:全局观、可持续观与全球视野[J]. 贵州大学学报(社会科学版),2018,36(06):27-33.

[93]廖丹清,郭家虎. 我国粮食贸易政策两种不同观点的比较分析[J]. 社会科学动态,1999(01):29-32.

[94]郜若素,杨芳. 中国的粮食安全问题——自给自足还是自由贸易[J]. 中国农村观察,1997(03):31-37.

[95]朱晶. 贸易、波动、可获性与粮食安全[D]. 南京:南京农业大学,2000.

[96]张广翠. 中国粮食安全的现状与前瞻[J]. 人口学刊,2005(03):37-41.

[97]李晶晶. 直面粮食进口安全[J]. 中国外资,2005(08):20-22.

[98]倪洪兴. 开放条件下我国粮食安全政策的选择[J]. 农业经济问题,2009,30(07):4-8+110.

[99]柯兵,柳文华,段光明,等. 虚拟水在解决农业生产和粮食安全问题中的作用研究[J]. 环境科学,2004(02):32-36.

[100]严志强,颜章雄,胡宝清,等. 虚拟土地、虚拟土地战略与区域土地资源优化配置管理的理论探讨[J]. 广西社会科学,2007(10):70-74.

[101]何艳梅. 全球水短缺背景下的虚拟水贸易[J]. 水利发展研究,

2006(08):18 – 21.

[102]周明建,叶文琴.发达国家确保粮食安全的对策及对我国的借鉴意义[J].农业经济问题,2005(06):74 – 78.

[103]谭砚文.资源约束、贸易失衡与我国农业“走出去”战略[J].广东社会科学,2011(06):66 – 74.

[104]丁声俊.复杂形势下务必坚守粮食战略定力——兼谈正确把握粮食“走出去”和“适度进口”方针[J].价格理论与实践,2015(11):13 – 16.

[105]农业部农业贸易促进中心课题组,倪洪兴,于孔燕.粮食安全与“非必需进口”控制问题研究[J].农业经济问题,2016,37(07):53 – 59.

[106]李国景,陈永福,焦月,等.中国食物自给状况与保障需求策略分析[J].农业经济问题,2019(06):94 – 104.

[107]孙宝民.基于国内粮食安全的中国粮食进出口战略研究[D].武汉:武汉理工大学,2012.

[108]经济合作与发展组织,李先德,顾丽萍,等.中国农业政策回顾与评价[M].北京:中国经济出版社,2005.

[109]钟甫宁.农业政策学[M].北京:中国农业出版社,2003.

[110]程国强.全球农业战略:基于全球视野的中国粮食安全框架[M].北京:中国发展出版社,2013.

[111]韩俊.中国粮食安全与农业走出去战略研究[M].北京:中国发展出版社,2014.

[112]李治,王东阳,胡志全.“一带一路”倡议下中国农业企业“走出去”的现状、困境与对策[J].农业经济问题,2020(03):93 – 101.

[113]王济民,张灵静,欧阳儒彬.改革开放四十年我国粮食安全:成就、问题及建议[J].农业经济问题,2018(12):14－18.

[114]吴振方.农业适度规模经营:缘由、路径与前景[J].农村经济,2019(01):29－36.

[115]张磊,罗光强.现实与重构:我国粮食适度规模经营的困境与摆脱——基于川、湘246个稻作大户的调查[J].农村经济,2018(05):28－33.

[116]何秀荣.关于我国农业经营规模的思考[J].农业经济问题,2016,37(09):4－15.

[117]孙新华.地方政府干预与规模农业发展——来自皖南河镇的经验[J].甘肃行政学院学报,2017(02):114－123＋126.

[118]钟真.改革开放以来中国新型农业经营主体:成长、演化与走向[J].中国人民大学学报,2018,32(04):43－55.

[119]杜志雄,肖卫东.农业规模化经营:现状、问题和政策选择[J].江淮论坛,2019(04):11－19＋28.

[120]尚旭东,朱守银.粮食安全保障背景的适度规模经营突破与回归[J].改革,2017(02):126－136.

[121]武舜臣,于海龙,储怡菲.农业规模经营下耕地"非粮化"研究的局限与突破[J].西北农林科技大学学报(社会科学版),2019,19(03):142－151.

[122]国务院发展研究中心土地课题组.农地规模与农业发展[M].海南:南海出版公司,1992:39－42.

[123]王列昭,崔保林,杨培才,等.种植业适度规模经营发展过程探讨[J].农业工程学报,1987(01):21－32.

[124]王志谦.关于农村产业结构调整错误倾向举例[J].专业户,1999(07):38.

[125]王兴运.种植业结构调整要注意处理好三个关系[J].理论观察,2000(04):9-10.

[126]张宗毅,杜志雄.土地流转一定会导致“非粮化”吗?——基于全国1740个种植业家庭农场监测数据的实证分析[J].经济学动态,2015(09):63-69.

[127]何宇鹏,武舜臣.连接就是赋能:小农户与现代农业衔接的实践与思考[J].中国农村经济,2019(06):28-37.

[128]李文明,罗丹,陈洁,等.农业适度规模经营:规模效益、产出水平与生产成本——基于1552个水稻种植户的调查数据[J].中国农村经济,2015(03):4-17+43.

[129]吴振华.不同地形区稻谷生产经济效益比较及影响因素分析——基于湖北、湖南、重庆500户稻农调查数据[J].农业技术经济,2011(09):93-99.

[130]许庆,尹荣梁,章辉.规模经济、规模报酬与农业适度规模经营——基于我国粮食生产的实证研究[J].经济研究,2011,46(03):59-71+94.

[131]罗伊·普罗斯特曼,李平,蒂姆·汉斯达德.中国农业的规模经营:政策适当吗?[J].中国农村观察,1996(06):17-29+63.

[132]陈健.农业规模经济质疑[J].农业经济问题,1988(03):3-6+1.

[133]约翰·伊特韦尔,默里·米尔盖特,彼得·纽曼.新帕尔格雷夫经济学大辞典[M].陈岱孙,等,译.北京:经济科学出版社,1996:84.

[134]吕挺,纪月清,易中懿.水稻生产中的地块规模经济——基于

江苏常州金坛的调研分析[J]. 农业技术经济,2014(02):68-75.

[135]曹瑞芬,张安录. 中部地区农地流转经济效益分析——基于湖北省27个村313户农户的调查[J]. 中国土地科学,2015,29(09):66-72.

[136]孙艳,石志恒,孙鹏飞. 规模经营能否提高种植大户的经营效率——以甘肃玉米种植大户为例[J]. 中国农业资源与区划,2019,40(03):78-84.

[137]贾琳,夏英. 农户粮食生产规模效率及其影响因素分析——基于黑、豫、川三省玉米种植户的调查数据[J]. 资源科学,2017,39(05):924-933.

[138]冀县卿,钱忠好,李友艺. 土地经营规模扩张有助于提升水稻生产效率吗?——基于上海市松江区家庭农场的分析[J]. 中国农村经济,2019(07):71-88.

[139]西奥多·W. 舒尔茨. 改造传统农业[M]. 梁小民,译,北京:商务印书馆,2013:95.

[140]周晓时,李谷成,刘成. 人力资本、耕地规模与农业生产效率[J]. 华中农业大学学报(社会科学版),2018(02):8-17+154.

[141]罗必良. 农地经营规模的效率决定[J]. 中国农村观察,2000(05):18-24+80.

[142]蔡荣,汪紫钰,杜志雄. 示范家庭农场技术效率更高吗?——基于全国家庭农场监测数据[J]. 中国农村经济,2019(03):65-81.

[143]石恂如,张俊仁. 土地生产率是衡量农业规模经营的主要技术经济指标[J]. 农业经济问题,1987(12):21-25.

[144]任治君. 中国农业规模经营的制约[J]. 经济研究,1995(06):54-58.

[145]黄祖辉,陈欣欣.农户粮田规模经营效率:实证分析与若干结论[J].农业经济问题,1998(11):3-8.

[146]黄宗智.中国农业发展三大模式:行政、放任与合作的利与弊[J].开放时代,2017(01):128-153+7.

[147]王嫚嫚,刘颖,陈实.规模报酬、产出利润与生产成本视角下的农业适度规模经营——基于江汉平原354个水稻种植户的研究[J].农业技术经济,2017(04):83-94.

[148]万广华,程恩江.规模经济、土地细碎化与我国的粮食生产[J].中国农村观察,1996(03):31-36+64.

[149]刘凤芹.农业土地规模经营的条件与效果研究:以东北农村为例[J].管理世界,2006(09):71-79+171-172.

[150]唐轲,王建英,陈志钢.农户耕地经营规模对粮食单产和生产成本的影响——基于跨时期和地区的实证研究[J].管理世界,2017(05):79-91.

[151]董志勇,李成明.新中国70年农业经营体制改革历程、基本经验与政策走向[J].改革,2019(10):5-15.

[152]周振,孔祥智.新中国70年农业经营体制的历史变迁与政策启示[J].管理世界,2019,35(10):24-38.

[153]许庆,杨青,钱有飞.合久必分,分久必合——新中国农地制度的一个分析框架[J].农业经济问题,2019(01):46-60.

[154]杜润生.中国的土地改革[M].北京:当代中国出版社,1996.

[155]高中华.耕者有其田:中国土地改革及深远影响[J].中国党政干部论坛,2021(05):23-27.

[156]杜润生.当代中国的农业合作制[M].北京:当代中国出版

社,2002.

[157]史敬棠.中国农业合作化运动史料[M].上海:生活·读书·新知三联书店,1959.

[158]赵泉民."变"与"不变"之间:现代中国农地制度改革的演进逻辑[J].理论月刊,2021(03):37-48.

[159]綦好东.新中国农地产权结构的历史变迁[J].经济学家,1998(01):74-82.

[160]罗红云.中国农村土地制度研究:1949-2008[M].上海:上海财经大学出版社,2012.

[161]田则林,余义之,杨世友.三权分离:农地代营——完善土地承包制、促进土地流转的新途径[J].中国农村经济,1990(02):41-44.

[162]徐从才.流通经济学:过程、组织、政策(第二版)[M].北京:中国人民大学出版社,2012.2:1.

[163]王元慧,徐从才,等.粮食流通现代化研究[M].北京:中国农业出版社,2012.12:30-31.

[164]曹宝明,刘婷,虞松波.中国粮食流通体制改革:目标、路径与重启[J].农业经济问题,2018(12):33-38.

[165]吴建征,朱汉国.统购统销制度中的"异动":国家与农民博弈视角下的1956年前后农村自由市场短暂开放[J].兰州学刊,2015(12):12-19.

[166]张培刚,廖丹清.二十世纪中国粮食经济[M].武汉:华中理工大学出版社,2002:500-510.

[167]程国强.WTO农业规则与中国农业发展[M].北京:中国经济出版社,2001.

[168]樊丽明,商华. 加入WTO与中国政府支农方式的调整[J]. 经济理论与经济管理,2001(10):61-66.

[169]武舜臣,蒋文斌,曹宝明. 基于价格传导视角的“稻强米弱”成因探析:国际价格冲击抑或产业链传导受阻?[J]. 当代经济科学,2016,38(04):117-123+128.

[170]曾才生. 试论成品油“价格倒挂”现象及其形成原因[J]. 价格理论与实践,2008(05):24-25.

[171]张开华. 新一轮粮价倒挂问题探析[J]. 粮食科技与经济,1997(06):21-22.

[172]赵霞. “麦强粉弱”现象的深层次原因探析——麦粉市场价格波动的动态关联性研究[J]. 价格理论与实践,2014(08):73-75.

[173]辛毅,李宁. 近年来粮食价格体系紊乱现象及其成因分析[J]. 中国物价,2015(06):6-8.

[174]王芳,陈俊安. 中国养猪业价格波动的传导机制分析[J]. 中国农村经济,2009(07):31-41.

[175]陶昌盛. 中国粮食定价机制研究[D]. 上海:复旦大学,2004.

[176]陈锡文. 中国农村改革:回顾与展望[M]. 天津:天津人民出版社,1993.

[177]刘传江. 中国粮食流通的制度安排及其变迁[J]. 经济评论,2000(02):48-50+58.

[178]贺玢. 粮食流通体制改革与市场体系建设[J]. 管理科学文摘,1999(07):15.

[179]黄汉权. 告别“散小弱”粮油加工业如何转型升级[N]. 粮油市场报,2014-5-29(A04).

[180]黄汉权.粮食加工业发展的新情况、新问题及对策建议[J].宏观经济研究,2008(12):64－69.

[181]钟甫宁.农业经济学(第五版)[M].北京:中国农业出版社,2011.

[182]田建民,孟俊杰.我国现行粮食安全政策绩效分析[J].农业经济问题,2010,31(03):11－15＋110.

[183]于立.能源价格理论研究[M].大连:东北财经大学出版社,1994.

[184]胡家勇.政府干预理论研究[M].大连:东北财经大学出版社,1996.

[185]于立,王建林.纵向价格双轨制:"电荒"的经济分析与出路[J].中国工业经济,2008(10):43－52.

[186]梁世夫,王雅鹏.我国粮食安全政策的变迁与路径选择[J].农业现代化研究,2008(01):1－5.

[187]谭砚文,杨重玉,陈丁薇,等.中国粮食市场调控政策的实施绩效与评价[J].农业经济问题,2014,35(05):87－98＋112.

[188]乔金亮.辩证看待"稻强米弱"[N].经济日报,2013－10－24(11).

[189]周劲.产能过剩的概念、判断指标及其在部分行业测算中的应用[J].宏观经济研究,2007(09):33－39.

[190]林毅夫,巫和懋,邢亦青."潮涌现象"与产能过剩的形成机制[J].中国经济学,2010(00):354－387.

[191]王立国,鞠蕾.地方政府干预、企业过度投资与产能过剩:26个行业样本[J].改革,2012(12):52－62.

[192]江飞涛,耿强,吕大国,等.地区竞争、体制扭曲与产能过剩的形成机理[J].中国工业经济,2012(06):44－56.

[193]陈剩勇,孙仕祺. 产能过剩的中国特色、形成机制与治理对策——以1996年以来的钢铁业为例[J]. 南京社会科学,2013(05):7-14.

[194]陈建奇. 开放视角下中国产能过剩问题重估及战略选择[J]. 国际贸易,2013(04):20-26.

[195]李全根. "入世"以后的我国粮食流通新格局[J]. 国际贸易问题,2000(06):6-9+43.

[196]王文娟. 新形势下我国农业补贴政策的思考[J]. 中国行政管理,2011(07):59-62.

[197]王伟,黄汉权. 以粮食深加工实现粮食安全的新思路[J]. 宏观经济管理,2004(06):32-35.

[198]赵予新. 我国产粮大省实施粮食全产业链管理的途径研究[J]. 农业现代化研究,2013,34(06):650-653.

[199]陈志成. 中国面粉加工企业的特色与优势[J]. 粮食加工,2010,35(01):31-33.

[200]武舜臣,王静,吴闻潭. 价格支持、市场扭曲与粮食加工企业的福利与选择:一个理论探析[J]. 农村经济,2015(06):85-90.

[201]武舜臣. "稻强米弱"是否抑制了稻谷加工业的要素配置扭曲?——基于企业层面微观数据的验证[J]. 产业经济研究,2018(01):78-89.

[202]颜波,陈玉中. 粮食流通体制改革30年[J]. 中国粮食经济,2009(03):18-25.

[203]尚斌义. 政府干预粮食市场行为的模型分析——以我国粮食流通体制改革为例[J]. 南开经济研究,1999(06):7-12.

[204]约翰逊.经济发展中的农业、农村、农民问题[M].林毅夫,赵耀辉,译.北京:商务印书馆,2004:15+24-43.

[205]徐振宇.从博弈的角度看新一轮粮改[J].中国农村观察,2001(02):47-53.

[206]郭书田.我国粮食生产是否过剩?[J].科技导报,1992(06):50-52.

[207]李国祥.我国粮食价格形成机制沿革的历史回顾与探讨[J].北京工商大学学报(社会科学版),2016,31(04):14-23.

[208]卢锋.粮食市场化改革:需要重新思考的认识前提[J].中国农村观察,1997(03):9-18.

[209]曹宝明.中国粮食流通市场化改革进程分析[J].江苏社会科学,2001(04):23-30.

[210]杜鹰,张冬科,戴小京,等.1988年以来各地粮食购销体制改革试验的启示[J].农业经济问题,1991(05):34-37.

[211]陈锡文.当前中国的粮食供求与价格问题[J].中国农村经济,1995(01):3-8.

[212]周其仁.中国农村政策两题[J].改革,1995(01):79-84.

[213]温铁军.我国粮食供求的5次波动[N].科技导报,1999(1):3-5.

[214]周章跃,陈良彪.从"保量放价"到"提价定购"——1994年中国粮食收购制度改革的进程与评价[J].改革,1995(05):55-58.

[215]李友华,丛丹阳.我国粮食流通体制改革的回顾与评析[J].中国流通经济,2003(09):32-34.

[216]郑风田,普莫喆.反思政策性粮食储备体系:目标分解与制度

重构[J]. 中州学刊,2019(11):42－48.

[217]钟甫宁. 世界粮食危机引发的思考[J]. 农业经济问题,2009(04):4－9＋110.

[218]高铁生,安毅. 世界粮食危机的深层原因、影响及启示[J]. 中国流通经济,2009,23(08):9－12.

[219]钱煜昊,曹宝明,武舜臣. 中国粮食购销体制演变历程分析(1949～2019)——基于制度变迁中的主体权责转移视角[J]. 中国农村观察,2019(04):2－17.

[220]武舜臣,王金秋. 粮食收储体制改革与“去库存”影响波及[J]. 改革,2017(06):86－94.

[221]郑风田. 中储粮的“大粮商”冲动,比大火更可怕[J]. 中国经济周刊,2013(23):19.

[222]高铁生. 我国粮食安全形势与政策建议[J]. 经济研究参考,2013(28):17－39.

[223]普莫喆,钟钰. 市场化导向下的中国粮食收储制度改革:新风险及应对举措[J]. 农业经济问题,2019(07):10－18.

[224]王德文,黄季焜. 中国粮食流通体制改革:双轨过渡与双轨终结[J]. 改革,2001(04):99－106.

[225]张晓涛,王扬. 大国粮食问题:中国粮食政策演变与食品安全监管[M]. 北京:经济管理出版社,2009.

[226]张全红. 我国粮食政策性波动分析[J]. 农业经济,2011(05):22－24.

[227]卢锋. “松时放,紧时收”——我国粮棉流通改革周期性反复现象研究(1985—2000年)[J]. 中国制度变迁的案例研究,2004(00):

299－342.

[228]胡小平.粮食价格与粮食储备的宏观调控[J].经济研究,1999(02):51－57.

[229]夏庆利.论粮食价格形成机制在“粮改”中的基础地位[J].经济体制改革,1999(06):119－122.

[230]朱治国.对产区粮食购销企业库存居高不下的思考[J].管理世界,2002(09):106－113.

[231]贺伟,朱善利.我国粮食托市收购政策研究[J].中国软科学,2011(09):10－17.

[232]王士海,李先德.粮食最低收购价政策托市效应研究[J].农业技术经济,2012(04):105－111.

[233]程国强,朱满德.中国粮食宏观调控的现实状态与政策框架[J].改革,2013(01):18－34.

[234]刘丹妮,亢霞,钟昱.关于玉米去库存路径选择的思考——基于加工视角[J].农业经济,2017(02):64－67.

[235]姜长云.粮食加工业迅速发展对中长期粮食安全的影响——以东北地区玉米加工业为重点的分析[J].宏观经济研究,2007(04):21－25.

[236]宋洪远.稳步推进国家粮食储备制度改革[J].中国乡村发现,2017(03):28－35.

[237]程国强.我国粮价政策改革的逻辑与思路[J].农业经济问题,2016,37(02):4－9.

[238]王大为,蒋和平.基于农业供给侧结构改革下对我国粮食安全的若干思考[J].经济学家,2017(06):78－87.

[239]孔祥智,张效榕.新一轮粮食价格改革:背景与方向[J].价格理论与实践,2017(01):15-19.

[240]李国祥.深化我国粮食政策性收储制度改革的思考[J].中州学刊,2017(07):31-37.

[241]曹娜.粮食安全视阈下我国粮食进口控制问题研究[J].中国农业资源与区划,2017,38(07):22-28.

[242]黄国勤,赵其国.轮作休耕问题探讨[J].生态环境学报,2017,26(02):357-362.

[243]刘慧.政策性粮食库存消化取得突破性进展[N/OL].经济日报,2017-10-21(04).

[244]顾莉丽,郭庆海.玉米收储政策改革及其效应分析[J].农业经济问题,2017,38(07):72-79.

[245]张磊,李冬艳.玉米收储政策改革带来的新问题及其应对——以吉林省为例[J].中州学刊,2017(07):38-43.

[246]基姆·安德森,速水佑次郎.农业保护的政治经济学[M].蔡昉,杜志雄,译.天津:天津人民出版社,1996.

[247]速水佑次郎,神门善久.农业经济论[M].沈金虎,周应恒,张玉林,等译.北京:中国农业出版社,2003.

[248]赵晓迪,朱俊峰.日本大米进口政策与WTO承诺的一致性研究[J].世界农业,2014(08):94-99+196.

[249]王宏涛."洋米"冲击下的日本农业[J].现代日本经济,1994(03):43-44.

[250]徐晖,马建蕾.日本大米进口调控政策及对中国的启示[J].世界农业,2015(01):91-93.

[251]金文成.日本开放大米市场和农业的产业化[J].日本学刊,1995(03):83-96.

[252]徐家驹.日本农业政策困境解读——从“第三次开国”说起[J].外交评论(外交学院学报),2011,28(03):111-119.

[253]赵德余.从国家统购到合同定购:1985年粮食市场化改革的初次尝试及其价值[J].中国市场,2011(29):12-19.

[254]赵德余.粮食市场调控的多重政治目标及其政策工具的选择:建国初期的经验[J].中国市场,2010(33):83-89.

[255]袁恩桢.论渐进式改革所伴生的矛盾和问题[J].财经研究,1996(11):3-7+64.

[256]邓大才.粮食流通体制:探求市场力量与政府力量的均衡[J].经济评论,2004(04):79-84.

[257]于晓华.以市场促进农业发展:改革开放40年的经验和教训[J].农业经济问题,2018(10):8-13.

[258]邓大才.反思98粮改[J].粮食问题研究,2003(04):8-10.

[259]武舜臣,吴闻潭,蒋文斌.目标价格是应对“托市困局”的良方吗?——对当前国内价格改革效果的再思考[J].当代经济管理,2017,39(01):36-40.

[260]范必.全产业链市场化改革初探[J].中国行政管理,2014(06):34-36.

[261]武舜臣.国内粮食价格政策研究现状及展望[J].贵州大学学报(社会科学版),2017,35(04):92-97.

[262]赵文先.粮改的经济成本:粮食财务挂账的历史变迁与实证分析[J].农业技术经济,2007(06):29-33.

[263]冀名峰.粮食流通体制改革中的政企分开问题[J].农业经济问题,2001(05):2-6.

[264]当代中国丛书编辑部.当代中国的粮食工作[M].北京:中国社会科学出版社,1988.

[265]褚钟伟,高树印,贾志宏.试析粮食市场发育中的粮价风险[J].中国物价,1992(11):24-27.

[266]杨正中,张雪苍,肖锋.粮食加工企业市场行为分析[J].粮食加工,2005(05):3-6.

[267]翁鸣.中国粮食市场挤压效应的成因分析[J].中国农村经济,2015(11):29-39.

[268]于晓华,郭沛.农业经济学科危机及未来发展之路[J].中国农村经济,2015(08):89-96.

[269]徐德徽.对1998年粮改的理论研究[J].改革,1999(06):62-70.

[270]黄兆康.目前粮食流通领域中存在的主要问题及对策[J].唯实,1997(07):20-24.

[271]唐仁健.粮食政策改革:难点与目标[J].中国农村经济,1995(11):11-14.

[272]周其仁.中国农村改革:国家和所有权关系的变化(上)——一个经济制度变迁史的回顾[J].管理世界,1995(03):178-189+219-220.

[273]杨文良.粮食购销"两头叫中间笑"现象透视[J].中国农村经济,1995(11):15-18+32.

[274]兆康."粮改"之难　难在"食为天"——对1993年我国粮食流

通体制改革的反思[J].唯实,1995(12):40-42.

[275]卢迈.实行“保量保价”的双轨制——我国粮食购销体制改革的目标模式[J].改革,1997(03):54-57.

[276]谢扬.九七话“粮改”[J].改革,1997(03):49-52.

[277]韩鹤忠.粮食流通体制改革:何为大思路——粮食流通体制改革面临的主要问题与政策取向[J].调研世界,2002(09):7-11.

[278]林毅夫,蔡昉,李周.中国的奇迹:发展战略与经济改革(增订版)[M].上海:上海人民出版社,2002.

[279]盛仕斌,徐海.要素价格扭曲的就业效应研究[J].经济研究,1999(05):68-74.

[280]张杰,周晓艳,李勇.要素市场扭曲抑制了中国企业R&D?[J].经济研究,2011,46(08):78-91.

[281]苏启林,赵永亮,杨子晖.市场冲击、要素扭曲配置与生产率损失——基于出口企业订单波动的经验研究[J].经济研究,2016,51(08):101-115+158.

[282]武舜臣,徐雪高.政府补贴、比价扭曲与粮食加工企业的资本配置——以稻谷加工业为例[J].中南财经政法大学学报,2017(04):119-126+160.

[283]唐成,李振,徐瑶.坚持市场化改革取向深化粮食收储制度改革[J].经济研究参考,2017(54):46-49.

[284]顾莉丽,郭庆海,高璐.我国玉米收储制度改革的效应及优化研究——对吉林省的个案调查[J].经济纵横,2018(04):106-112.

[285]何官燕.整合粮食产业链确保我国粮食安全[J].经济体制改革,2008(03):101-103.

[286]程乐砚. 企业成长模式的适应性调整——基于演化理论的表述[J]. 中国矿业大学学报(社会科学版),2005(02):72 - 76 + 84.

[287]彭俊杰. 产业链视角下我国粮食安全战略再认识[J]. 中州学刊,2017(04):50 - 55.

[288]洪岚. 粮食供应链整合的量化分析——以北京地区粮食供应链上价格联动为例[J]. 中国农村经济,2009(10):58 - 66 + 85.

[289]赵霞,王舒娟,杨茜. 市场结构、市场波动与价格传递——稻米市场波动关联效应研究[J]. 农业技术经济,2016(01):98 - 107.

[290]冀名峰. 我国粮食市场上的同步性问题分析[J]. 中国农村经济,2004(03):59 - 63.

[291]周黎安,陈烨. 中国农村税费改革的政策效果:基于双重差分模型的估计[J]. 经济研究,2005(08):44 - 53.

[292]张娟. 农村税费改革对农民增收影响的实证分析——以江苏为例[J]. 南京农业大学学报(社会科学版),2006(01):11 - 17.

[293]唐胜君,唐咸康. 粮食市场全面放开对粮食企业的影响及其对策[J]. 广西粮食经济,2001(04):10 - 11.

[294]韩一军,赵玉田. 粮食主销区市场放开后的效果、问题与政策建议——浙江、广东、海南三省粮食流通体制改革的调查报告[J]. 中国农村经济,2002(02):55 - 61.

[295]颜波. 粮食流通体制改革积极稳妥向市场化方向迈进[J]. 农业发展与金融,2003(11):15 - 17.

[296]鲁晓东,连玉君. 中国工业企业全要素生产率估计:1999—2007[J]. 经济学(季刊),2012,11(02):541 - 558.

[297]孙晓华,王昀. 企业规模对生产率及其差异的影响——来自工

业企业微观数据的实证研究[J]. 中国工业经济,2014(05):57-69.

[298]余淼杰. 中国的贸易自由化与制造业企业生产率[J]. 经济研究,2010,45(12):97-110.

[299]武舜臣,彭冬冬. 稻米比价对企业全要素生产率的影响研究——基于稻米加工业的微观企业数据[J]. 农林经济管理学报,2019,18(05):579-588.

[300]约翰逊. 经济发展中的农业、农村、农民问题[M]. 林毅夫,赵耀辉,译. 北京:商务印书馆,2004:15;24-43.

[301]韩一军,赵玉田. 粮食主销区市场放开后的效果、问题与政策建议——浙江、广东、海南三省粮食流通体制改革的调查报告[J]. 中国农村经济,2002(2):55-61.

[302]颜波. 粮食流通体制改革积极稳妥向市场化方向迈进[J]. 农业发展与金融,2003(11):15-17.

[303]余淼杰. 中国的贸易自由化与制造业企业生产率[J]. 经济研究,2010(12):97-110.

[304]Brandtl, Van Biesebroeck J, Wang L, et al. WTO accession and performance of Chinese manufacturing firms[J]. C. E. P. R. Discussion Papers, 2012.

[305]Yu F W. Decoupling relationship analysis on China's grain production and irrigation water[J]. Chinese Rural Economy, 2008(10): 34-44.

[306]Tan S, Heerink N, Kruseman G, et al. Do fragmented landholdings have higher production costs? Evidence from rice farmers in Northeastern Jiangxi province, P. R. China[J]. China Economic Review, 2008, 19(3):

347 -358.

[307]Hans P. Binswanger, Klaus Deininger, Gershon Feder. Agricultural land relations in the developing world[J]. American Journal of Agricultural Economics, 1993, 75(5).

[308] Roningen V, Dixit P M. Economic implications of agricultural policy reforms in industrial market economies [C] // US Department of Agriculture. Staff Report No. AGES 89 -36, 1989.

[309] Fan Shenggen, Cho Emily EunYoung, Rue Christopher. Food security and nutrition in an urbanizing world: A synthesis of the 2017 Global Food Policy Report[J]. China Agricultural Economic Review, 2017, 9(2).

后　记

光阴荏苒,从第一次接触粮食流通领域,至今已有近9个年头。其间,围绕粮食流通,我做过无数次的思考。在思考之余,由于研究需要和毕业压力,我以粮食流通为对象开展过系列写作。虽然成果不少,但相比于自己投入的时间和精力,这些成绩显得微不足道。这样的投入产出比让我一度陷入自我怀疑之中:数学弱,梳理推导和计量能力差;英文弱,外文前沿阅读效率低,“养分”吸收少;文笔差,对研究过程和结果的阐述不够完美……

博士在读期间,屈指可数的实地调研次数和对实际情况把握上的缺陷让我在粮食流通领域的研究举步维艰。虽然一直看重粮食流通在确保粮食安全方面的重要地位,也对个别论断有所质疑,但受限于各种条件，我还是在2017年放弃了对粮食流通领域的研究，将研究方向转向了粮食生产。毕竟，相比于粮食流通，粮食生产调研的可行性与便利性要强得多。

在转变研究方向几年后，在粮食流通领域的种种疑惑让我想要回归粮食流通研究的信念越来越坚定。因此，以本书的写作为契机，我开启了新一轮的粮食流通研究。因为调研不充分，跟过去的研究相比，自己在思想和认知上并没有太多的突破。但幸运的是，在回顾已发表文章的过程中，我竟从这些年与粮食流通相关的研究中梳理出一套相对完整的逻辑体系。所以，本书是在已有的研究基础上，调整逻辑框架后重新排列组合而成。本书的主体逻辑：粮食流通的重要性——改革让其面临冲击，亟待继续改革——改革不断反复，粮食流通仍被冲击——原因解释——案例验证——反思与展望。同时，有两个观点贯穿全文：第一，要坚持粮食市场化改革；第二，要重视粮食流通环节。

此外，在撰写本书的过程中，我也对粮食相关领域的认知有了提高，这是最让我欣喜的地方。通过资料查阅和学习交流，我感受到粮食的系统性研究的重要性和必要性，并在学习中丰富了在粮食研究方面的基础性知识。

现阶段，对粮食流通领域的研究仍是"广阔天地，大有可为"。我一直期待能有更多的学者参与进来，共同为粮食流通体制改革，为更高效地推动粮食安全保障贡献力量。当然，在诸多限制下，以粮食流通为对象的研究短期内难成"显学"，使得有志于该领域研究的学者不得不长期"蛰伏"。但冬天来了，春天还会远吗？对粮食流通的研究一定会成为粮食安全保障研究的蓝海。

最后，我要感谢我的家人，感谢他们一直以来对我的支持和奉献，是他们给我撑起一个可以潜心科研的港湾。我也要对为本书出版提供帮助的诸位老师、朋友表示感谢，感谢你们的支持与付出。

武舜臣

2022 年 7 月于清华园